W0256931

essentials liefern aktuelles Wissen in konzentrierter Form. Die Essenz dessen, worauf es als „State-of-the-Art" in der gegenwärtigen Fachdiskussion oder in der Praxis ankommt. *essentials* informieren schnell, unkompliziert und verständlich

- als Einführung in ein aktuelles Thema aus Ihrem Fachgebiet
- als Einstieg in ein für Sie noch unbekanntes Themenfeld
- als Einblick, um zum Thema mitreden zu können

Die Bücher in elektronischer und gedruckter Form bringen das Expertenwissen von Springer-Fachautoren kompakt zur Darstellung. Sie sind besonders für die Nutzung als eBook auf Tablet-PCs, eBook-Readern und Smartphones geeignet. *essentials:* Wissensbausteine aus den Wirtschafts-, Sozial- und Geisteswissenschaften, aus Technik und Naturwissenschaften sowie aus Medizin, Psychologie und Gesundheitsberufen. Von renommierten Autoren aller Springer-Verlagsmarken.

Weitere Bände in der Reihe http://www.springer.com/series/13088

Stephan Schnorr

Portfolio-Management in Stadtwerken

Effiziente Bewirtschaftung von Strom- und Gasportfolios

2., korrigierte Auflage

Stephan Schnorr
Leipzig, Deutschland

ISSN 2197-6708　　　　　　ISSN 2197-6716　(electronic)
essentials
ISBN 978-3-658-23748-6　　　ISBN 978-3-658-23749-3　(eBook)
https://doi.org/10.1007/978-3-658-23749-3

Die Deutsche Nationalbibliothek verzeichnet diese Publikation in der Deutschen Nationalbibliografie; detaillierte bibliografische Daten sind im Internet über http://dnb.d-nb.de abrufbar.

Springer Gabler ist ein Imprint der eingetragenen Gesellschaft Springer Fachmedien Wiesbaden GmbH und ist ein Teil von Springer Nature
Die Anschrift der Gesellschaft ist: Abraham-Lincoln-Str. 46, 65189 Wiesbaden, Germany

Was Sie in diesem *essential* finden können

- Direkt umsetzbare Antworten auf grundlegende Fragen zum Portfolio-Management
- Eine Hilfestellung bei der Entwicklung einer Beschaffungsstrategie
- Einen Überblick über die notwendigen Bestandteile einer Strategie

Inhaltsverzeichnis

Was ist Portfolio-Management? 1

Stadtwerke beschaffen die für den Absatz an ihre Kunden benötigten Mengen an Strom und Gas in aller Regel am Großhandelsmarkt. Diese Mengen bilden das „Portfolio". Es existiert meist ein Portfolio für Gas und eines für Strom. Je nach Komplexität ist durchaus eine weitere Unterteilung denkbar.

Die Aufgaben des Portfolio-Managements sind sowohl strategisch, also auf die Beschaffung bezogen, als auch operativ. Die genaue Ausgestaltung der Aufgaben ist je nach Unternehmen unterschiedlich.

Auf der strategischen Seite stehen die Fragen der Beschaffung im Vordergrund. Das Portfolio-Management hat hier die Aufgabe, einen gewissen Rahmen zu stecken: beispielsweise für die Mengen, Produktarten oder den Zeithorizont. Weiterhin müssen Preisbestandteile und Preisrisiken der einzelnen Produkte ermittelt und dargestellt werden.

Auf der operativen Seite stehen Aufgaben des täglichen, sehr spezifischen Stadtwerke-Geschäftes: die Abwicklung der Spotgebote, die Anmeldung der Fahrpläne oder Nominierungen und ähnliche, aus den Anforderungen des täglichen Geschäftes resultierende Tätigkeiten. Dieser Punkt der operativen Tätigkeiten wird in einigen Werken und auch bei einigen Dienstleistern durch ein eigenes Team abgewickelt. Diese Aufgaben gehören also nicht in jedem Fall zum Aufgabenspektrum eines Portfolio-Managers.

Das Portfolio-Management kann als eigene Abteilung aufgebaut oder von einem Dienstleister eingekauft werden. Größere Stadtwerke mit entsprechend hohen Anforderungen an das Portfolio-Management werden eine solche Abteilung meist selbst aufbauen. Bei einem entsprechenden Umfang und einer entsprechenden Komplexität der Aufgaben ist der Aufbau einer eigenen Abteilung gerechtfertigt. Je komplexer die Aufgaben sind, desto schwerer ist auch die Einbindung eines externen Dienstleisters, da die Einarbeitung dieses Partners oft

© Springer Fachmedien Wiesbaden GmbH, ein Teil von Springer Nature 2019   1
S. Schnorr, *Portfolio-Management in Stadtwerken*, essentials,
https://doi.org/10.1007/978-3-658-23749-3_1

sehr aufwendig ist. Darüber hinaus entstehen Schnittstellen, die die Zusammenarbeit herausfordernd machen. Hier überwiegen die Vorteile einer eigenen Abwicklung. Es kann jedoch durchaus sinnvoll sein, in Teilbereichen mit Dienstleistern zusammenzuarbeiten. Mögliche Ansätze sind beispielsweise externes Reporting, um eine Kontrolle der eigenen Arbeit zu gewährleisten. Teilportfolios, die nicht im vertrieblichen Fokus stehen, können ausgelagert werden, um die eigenen Mitarbeiter zu entlasten. Externe Dienstleister können auch dann gute Dienste leisten, wenn es um einen Vergleich der Strategie geht oder neue Ansätze für Reporting oder Bewirtschaftung gesucht werden. Ein externer Partner kann helfen, einer „Betriebsblindheit" vorzubeugen.

Mittlere und kleine Stadtwerke verfügen meist nicht über die notwendigen personellen Ressourcen, um ein eigenes Portfolio-Management zu betreiben. Es reicht nicht aus, eine Person als Portfolio-Manager einzustellen, da auch Urlaubstage und Krankheitsfälle abgedeckt werden müssen, um einen reibungslosen Ablauf zu gewährleisten. Gerade in kleineren Stadtwerken rechtfertigt der notwendige Umfang der Leistungen jedoch selten die Einstellung von mehr als einer Person. Hier kann also die Beauftragung eines Dienstleisters eine Alternative darstellen. Darüber hinaus fällt es schwer, in kleinen Abteilungen Kontrollmechanismen zu etablieren. Fehler fallen so später oder gar nicht auf. Auch aus diesem Grund ist der Rückgriff auf externe Dienstleister sinnvoll.

Die Beschaffung im Rahmen des Portfolio-Managements 2

Das Ziel der Beschaffung in Stadtwerken ist der Einkauf der absatzseitig benötigten Mengen an Gas und Strom. Was an sich nach einer eher simplen Aufgabe klingt, wird jedoch schnell komplex: Welche Mengen werden im folgenden Jahr benötigt? Und in den darauffolgenden Jahren? Und wie sollen diese beschafft werden?

Bei der ersten Frage nach dem „Wie viel" sind Punkte wie Prognosegüte und Abstimmung mit dem Vertrieb essenziell. Zwischen den Abteilungen Vertrieb und Beschaffung muss eine enge Kopplung hergestellt werden. In vielen Werken geschieht dies in der Form, dass die Verantwortung für beide Bereiche in einer Stelle gebündelt wird: Es existiert ein Leiter Vertrieb/Beschaffung. So kann ein entsprechender Informationsfluss in beide Richtungen sichergestellt werden. Die Informationen von der Beschaffung an den Vertrieb sind eher Gegenstand des Reportings. Informationen über Vertriebsaktivitäten und -erfolge, bzw. allgemein die Entwicklung der Kundenbasis, sind durchaus relevante Punkte für die Beschaffung und müssen regelmäßig aktualisiert und besprochen werden.

Sobald die Frage nach dem „Wie viel" zufriedenstellend beantwortet ist, muss die Frage nach dem „Wie" beantwortet werden. Hierauf liegt das größte Augenmerk des Portfolio-Managements. Damit ist man sehr schnell bei der Beschaffung der Mengen am Terminmarkt, da die Zahl der Werke, die sich über Vollversorgungsverträge eindecken, immer weiter abnimmt. Es gilt hier insgesamt, einige wichtige weitere Details festzulegen, auf die im Folgenden noch weiter eingegangen wird. Der Erfolg der Beschaffung spiegelt sich jedoch nicht allein im guten Preis der Terminprodukte im Moment vor Lieferung wider. Auch die Ergebnisse der Spotabwicklung und die Portfoliopreisänderungen durch Ausgleichsenergie müssen hier berücksichtigt werden. Es liegt durchaus in den Händen der Portfolio-Manager, diese Preiskomponenten zu beeinflussen.

© Springer Fachmedien Wiesbaden GmbH, ein Teil von Springer Nature 2019   3
S. Schnorr, *Portfolio-Management in Stadtwerken*, essentials,
https://doi.org/10.1007/978-3-658-23749-3_2

Das Portfolio

3

3.1 Bewertung des Portfolios

Das Hauptaugenmerk der Bewirtschaftung gilt dem Portfoliopreis. Er gibt wieder, zu welchem Preis die benötigten Mengen Strom oder Gas beschafft werden können und bildet die Grundlage, um den Erfolg zu bestimmen. Dazu wird der erzielte Portfoliopreis einem Vergleichswert – einer Benchmark – gegenübergestellt. Die Benchmark kann zum einen der Vertriebspreis sein, zu dem der Vertrieb die Mengen übernimmt. Zum anderen kann man den Portfoliopreis mit einem Marktpreis vergleichen, der sich über die Beschaffungsperiode als Durchschnittspreis ergeben hätte. Dieser wird an dieser Stelle herangezogen. An einem kurzen Beispiel wird beschrieben, aus welchen Preisbestandteilen sich der Portfoliowert zusammensetzt.

Einem geplanten Absatz in drei Monaten von insgesamt 370 Megawattstunden (MWh) wird die bisher erfolgte Beschaffung gegenübergestellt. Im einfachsten Fall wird hier nur eine Beschaffung am Terminmarkt betrachtet. Dies sind hier 360 MWh, die zu 27,00 €/MWh beschafft wurden. Die Position Terminmarkt kann Standardprodukte wie Base und Peak beinhalten oder auch Fahrpläne. Ist im Portfolio eine Eigenerzeugung enthalten, also ein Blockheizkraftwerk oder Ähnliches, wird dieses mit den geplanten Mengen ebenfalls hier aufgenommen. Stellt man nun die Planabsatzmengen den beschafften Mengen gegenüber, ergibt sich eine Differenz. Diese ist entweder noch zu beschaffen, oder es müssen Mengen abverkauft werden.

Wenn das Portfolio also komplett[1] eingedeckt werden soll, müssen in den Lieferperioden noch Beschaffungen vorgenommen werden. Bewertet man diese

---

[1]Auf Punkte wie Zieleindeckungsgrade und wertneutraler Hedge wird in Kap. 4 noch eingegangen.

© Springer Fachmedien Wiesbaden GmbH, ein Teil von Springer Nature 2019
S. Schnorr, *Portfolio-Management in Stadtwerken*, essentials,
https://doi.org/10.1007/978-3-658-23749-3_3

noch nicht beschafften Mengen zu den aktuellen Preisen, ergibt sich der Wert der offenen Position.

Der Wert des Portfolios in den jeweiligen Monaten ergibt sich aus der Summe der tatsächlich entstandenen Kosten am Terminmarkt und der potenziellen Kosten aus der offenen Position. Das spezifische Ergebnis erhält man, indem man diese Kosten den Mengen in den Monaten gegenüberstellt (siehe auch Tab. 3.1). Formal gilt:

$$Portfoliowert = Wert\ der\ Terminmarktmengen + Wert\ der\ offenen\ Position.$$

Der Portfoliopreis errechnet sich dann als $\dfrac{Portfoliowert}{Portfoliomenge}$.

Da die offenen Positionen zu Marktpreisen („mark-to-market") bewertet werden, schwankt der Portfoliopreis entsprechend der Marktpreise der Terminprodukte. Sobald keine offene Position mehr besteht, ändert sich der Portfoliopreis nicht mehr. Bei einer 100 %igen Eindeckung besteht somit kein Risiko mehr. Andererseits ändern sich Portfoliopreise umso stärker, je größer die offene Position ist. In der realen Betrachtung wird die offene Position viel feiner dargestellt und bewertet. In Stromportfolios wird die Struktur auf Ebene der Stunden betrachtet. Die Bewertung erfolgt dann mit einer Preiskurve (hPFC – hourly price forward curve). In Gasportfolios ist die kleinste betrachtete Einheit der Tag.

In der Lieferperiode kommt als Beschaffungsquelle der Spotmarkt hinzu. Ist eine betrachtete Lieferperiode komplett abgewickelt, stehen die Preise für diese Periode fest. Die offene Position ist im Rückblick geschlossen. Der Preis aller Beschaffungselemente steht fest.

Tab. 3.1 Beispielrechnung Portfoliowert 1

		gesamt	Januar	Februar	März
Absatz	MWh	370	100	150	120
Beschaffung					
Terminmarkt	MWh	360	120	120	120
	Euro	9720	3240	3240	3240
	€/MWh	27,00	27,00	27,00	27,00
offene Position					
	MWh	10	-20	30	0
	Euro	200	-520	720	0
	€/MWh	20,00	26,00	24,00	28,00
Portfolio					
	Euro	9920	2720	3960	3240
	€/MWh	26,81	27,20	26,40	27,00

Zwei Quellen der Unsicherheit des Portfoliopreises sind damit beschrieben. Mit den Marktpreisen schwankt der Wert der offenen Position. Die Ergebnisse der Spotabwicklung stehen auch erst nach Ablauf der Lieferperiode fest (siehe Tab. 3.2). Der Preis des Portfolios errechnet sich dann wie folgt:

$$[Portfoliowert = \\ Wert\ der\ Terminmarktmengen + Wert\ der\ Spotmarktmengen + Wert\ der\ offenen\ Position]$$

Je nach Verlauf des Spots können sich die Portfoliopreise erhöhen oder verringern. Müssen Mengen abverkauft werden, sinkt der Portfoliopreis, wenn der Spotmarkt im Schnitt über den Preisen der Terminprodukte liegt. Niedrige Spotpreise senken den Portfoliopreis dann, wenn Mengen nachgekauft werden können. Im Beispiel in Tab. 3.2 erhöhte sich der Portfoliopreis im Januar. Die Beschaffung am Terminmarkt erfolgte zu durchschnittlich 27,00 €/MWh. Am Spotmarkt mussten Mengen abverkauft werden. Der Preis lag dort mit 21,00 €/MWh unter diesem Wert. Der Portfoliopreis beträgt im Januar dann 28,20 €/MWh.

Führt man die Betrachtung auch nach Lieferung fort, kommt als weiterer Einflussfaktor die Ausgleichsenergie hinzu (siehe Tab. 3.3). Da in den allerseltensten Fällen der tatsächliche Bedarf korrekt vorhergesagt werden kann, weicht in der Regel die tatsächlich gelieferte Menge von der geplanten Menge ab. Da die Eindeckung auf Planmengen erfolgt, ergibt sich eine Mengendifferenz. Diese wird durch Ausgleichsenergie kompensiert. Die Ausgleichsenergie ist kein Bestandteil der

Tab. 3.2 Beispielrechnung Portfoliowert 2

		gesamt	Januar	Februar	März
Absatz	MWh	370	100	150	120
Beschaffung					
Terminmarkt	MWh	360	120	120	120
	Euro	9720	3240	3240	3240
	€/MWh	27,00	27,00	27,00	27,00
Spotmarkt	MWh	-20	-20,00		
	Euro	-420	-420		
	€/MWh	21,00	21,00		
offene Position					
	MWh	30	0	30	0
	Euro	720	0	720	0
	€/MWh	72,00	26,00	24,00	28,00
Portfolio					
	Euro	10020	2820	3960	3240
	€/MWh	27,08	28,20	26,40	27,00

Tab. 3.3 Beispielrechnung Portfoliowert 3

		gesamt	Januar	Februar	März
Absatz					
Plan	MWh	370	100	150	120
Ist	MWh	366	105	140	121
Beschaffung					
Terminmarkt	MWh	360	120	120	120
	Euro	9720	3240	3240	3240
	€/MWh	27,00	27,00	27,00	27,00
Spotmarkt	MWh	10	-20,00	30,00	0,00
	Euro	240	-420	660	0
	€/MWh	24,00	21,00	22,00	20,00
offene Position					
	MWh	0	0	0	0
	Euro	0	0	0	0
	€/MWh	0,00	26,00	27,00	28,00
Ausgleichsenergie					
	MWh	-4	5	-10	1
	Euro	150	255	-140	35
	€/MWh	-37,50	51,00	14,00	35,00
Portfolio					
	Euro	10110	3075	3760	3275
	€/MWh	27,62	29,29	26,86	27,07

aktiven Bewirtschaftung. Die Mengen sind nicht planbar, sondern von der Prognosegüte abhängig. Die Preise unterliegen starken Schwankungen und sind ebenfalls nicht vorhersagbar. Der Portfoliopreis kann dann wie folgt errechnet werden:

$$Portfoliowert =$$
$$Wert\ der\ Terminmarktmengen + Wert\ der\ Spotmarktmengen + Wert\ der\ offenen\ Position +$$
$$Wert\ der\ Ausgleichsenergiemengen$$

Auch für die Ausgleichsenergie gilt, dass theoretisch der Portfoliopreis je nach Mengen und Preisen sinken oder steigen kann. Allerdings sind Erhöhungen des Portfoliopreises häufiger als dessen Senkungen. Interessant ist der Blick auf die Veränderung des Portfoliopreises, die durch einzelne Elemente verursacht wird.

Dies soll am Beispiel des Monats Januar kurz erläutert werden. Bleiben wir bei den hier vorgestellten Zahlen:[2]

Für den Januar wurden am Terminmarkt Produkte zu 27,00 €/MWh beschafft. Der Spot kostete im Schnitt 21,00 €/MWh. Wenn man annimmt, dass die offene Position den Wert kurz vor Lieferung wiedergibt, änderte sich der Portfoliopreis von 27,20 €/MWh vor Spotlieferung auf 28,20 €/MWh nach Lieferung. Damit beträgt der spezifische Einfluss des Spotmarktes hier 1,00 €/MWh. Diese Betrachtung kann dann mit der Ausgleichsenergie wiederholt werden. Das Portfolio kostet im Januar nach Ausgleichsenergie 29,29 €/MWh. Damit beträgt der Einfluss der Ausgleichsenergie 1,09 €/MWh. Diese Betrachtung ist regelmäßig notwendig. Um vor Spotlieferung und Ausgleichsenergieabrechnung Preise bestimmen zu können, müssen Aufschläge für diese beiden Komponenten berücksichtigt werden. Diese sind natürlich regelmäßig zu überprüfen.

3.2   Ermittlung der Struktur

Die Berechnung des Portfoliopreises wurde gerade beschrieben. Wichtig für die Bestimmung des Benchmarkpreises ist die Struktur[3], die es zu beschaffen gilt. Bevor die dargestellten Berechnungen vorgenommen werden können bzw. auch bevor man eine Strategie zur Bewirtschaftung bestimmt, müssen die zu bewirtschaftende Menge[4] und die dazugehörige Struktur bekannt sein. Sowohl bei Gas- als auch bei Stromportfolios kann die zu bewirtschaftende Menge im Tarifkundenbereich entweder über die den Standardlastprofilen[5] zugrunde liegende Verbrauchsstruktur oder über das Ausrollen historischer Istwerte ermittelt werden.

Für Stromportfolios erfolgt das Ausrollen in der Regel unter Berücksichtigung von Typtagen und typischen Verbrauchsmustern wie Wochenzyklen oder feiertagsbedingten Sondereffekten. Für Gasportfolios spielt der Temperaturverlauf eine enorme Rolle. Regelmäßig erfolgt das Ausrollen hier auf Basis historischer Verbräuche und gemessener Temperaturen. Um eine Prognose für die Zukunft zu

---

[2]Damit wird auch unterstellt, dass der Monat im Vorfeld nicht komplett eingedeckt wurde. Um die bereits genannten Zahlen verwenden zu können, wird dieser Annahme gefolgt.

[3]Die konkrete viertelstundengenaue (Strom) bzw. taggenaue (Gas) Aufteilung der Liefermenge auf das Lieferjahr.

[4]Gemeint ist die gesamte geplante Liefermenge in einem Lieferjahr.

[5]Da größere Gewerbekunden in aller Regel zum Zeitpunkt des Abschlusses, also „back-to-back" eingedeckt werden, sind diese Mengen in der Regel nicht in der Langfristprognose berücksichtigt.

erhalten, wird ein Temperaturverlauf unterstellt, der dem Mittel der letzten zehn oder mehr Jahre entspricht und als „normal" betrachtet wird.

Eine zweite Unschärfe ist die Unsicherheit über die zukünftige Kundenzahl. Trotz aller Bemühungen ist es unmöglich, die Kundenzahl der nächsten zwei oder drei Jahre exakt zu prognostizieren. Eine dergestalt genaue Prognose ist als Basis der strategischen Bewirtschaftung jedoch nicht nötig. Im Zeitablauf erfolgt ohnehin eine laufende Anpassung der Prognosen und damit eine zunehmende Präzisierung der Absatzlast.

3.3   Segmentierung des Portfolios

Wie eingangs bereits angedeutet wurde, bestehen in aller Regel zumindest zwei Portfolios: das Gas- und das Stromportfolio. Je nach Komplexität werden bisweilen weitere Segmentierungen vorgenommen. In einem ersten Schritt werden die Portfolios nach Kundensegmenten aufgeteilt.

Stadtwerke sehen sich zwei Kundengruppen gegenüber, die sich in vielen Kriterien unterscheiden. Es handelt sich hierbei um die Tarif- bzw. SLP[6] -Kunden und die Gewerbe- bzw. RLM[7] -Kunden. Da sich die Bewirtschaftung dieser beiden Segmente in aller Regel unterscheidet und somit auch die Erfolgsfaktoren andere sind, werden meist getrennte Portfolios geführt. Wird dieser Schritt einmal vollzogen, ist ein dritter Report, nämlich der über das Gesamtportfolio, oft die Konsequenz. Worin unterscheiden sich nun diese Segmente? Und warum sind getrennte Darstellungen vorteilhaft oder gar notwendig?

Verträge mit Tarifkunden unterliegen einer Kündigungsfrist. Wird das Recht zur Kündigung nicht wahrgenommen, verlängert sich der Vertrag um eine weitere Lieferperiode.[8] Damit steigt die Sicherheit in Bezug auf das tatsächlich abzusetzende Volumen im Laufe der Zeit.

Darüber hinaus kann der Vertrieb in der Regel eine Prognose über die Entwicklung der Kundenzahl abgeben, da sie Kundenverhalten, Preissetzung und die Wettbewerbsintensität recht gut einschätzen können. Hieraus resultiert eine sukzessive Beschaffung der geplanten Mengen über einen Zeitraum von bis zu drei Jahren im Voraus. In einigen Werken ist die Beschaffung auch über einen

---

[6]SLP = Standardisiertes Leistungsprofil.
[7]RLM = Registrierende Leistungsmessung.
[8]Regelungen gemäß EnWG und AGBs der Lieferanten.

längeren Zeitraum möglich. In den meisten Fällen wird der Preis, zu dem die Belieferung im nächsten Jahr erfolgen kann, Ende Oktober festgestellt und in den folgenden Tagen veröffentlicht. Das Ziel der Beschaffung liegt in diesem Fall darin, einen wettbewerbsfähigen Eindeckungspreis zu erzielen. Eine sukzessive Beschaffung im Voraus und über einen längeren Zeitraum ist hier angebracht.

Geschäfts- bzw. RLM-Kunden folgen einem anderen Muster. Sie schreiben ihren Bedarf zu bestimmten Zeitpunkten aus. Um Margen zu sichern, werden diese Geschäfte bei Abschluss meist sofort („back-to-back") eingedeckt. Diese Eindeckung erfolgt in Form von geeigneten Standardprodukten oder Fahrplänen. Für die Spot-Glattstellung und Ausgleichsenergie werden Preiszuschläge einkalkuliert. Da das allgemeine Marktniveau zum Zeitpunkt der Angebotslegung nicht beeinflusst werden kann, kommt es hier auf niedrige Aufschläge und geringe sonstige Kostenbestandteile an.

Erreicht das Geschäftskundenportfolio eine gewisse Größe, wird oft über eine getrennte Darstellung der SLP und RLM-Portfolios nachgedacht, um die Entwicklungen in beiden Segmenten transparenter darzustellen. Die Konsequenz einer Trennung der beiden Segmente und eine Darstellung zweier Portfolios ist die Betrachtung des Gesamtportfolios. Die Spotglattstellung erfolgt tagtäglich auf Basis der aggregierten Daten, genauso fallen Ausgleichsenergiekosten für das gesamte Portfolio an. Diese Zeitreihen sind im Gesamtportfolio am besten untergebracht (vgl. Abb. 3.1).

Unabhängig vom Kundenkreis sind auch weitere Segmentierungen möglich. Grundsätzlich erfolgt eine differenziertere Unterteilung des Portfolios dann, wenn sich bestimmte Teile in relevanten Aspekten deutlich unterschieden. Ein Aspekt ist die Bewirtschaftung, was sich in der Trennung zwischen Privat- und

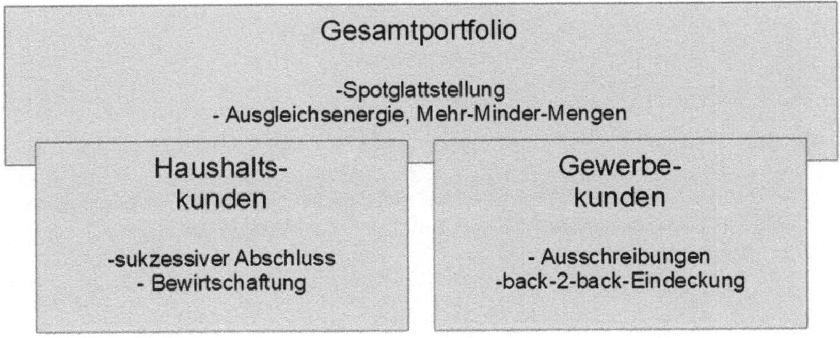

Abb. 3.1 Segmentierung des Portfolios

Geschäfts- bzw. Gewerbekunden zeigt. Wenn sich die Bewirtschaftung einzelner Portfolioteile deutlich unterscheidet, ist eine getrennte Bewirtschaftung im Rahmen des Portfolio-Managements sinnvoll. Ein weiteres Kriterium kann die Preisgestaltung sein. Auch dieses findet sich in der bereits dargestellten Trennung wieder. Kunden, die bei Abschluss einen tagesaktuellen Preis erhalten, werden anders betrachtet als Kunden, die einen Mischpreis auf Basis einer längeren Historie erhalten. Auch innerhalb eines Kundensegmentes ist es natürlich denkbar, unterschiedliche Ansätze zur Preisfindung zu installieren.

Neben den aufgezeigten Kriterien sind einige weitere denkbar, die eine getrennte Betrachtung im Rahmen des Portfolio-Managements nahelegen.

Mit einer gesonderten Darstellung erreicht man Transparenz. Preisbestandteile, Mengen und damit verbundene Aspekte lassen sich gesondert erfassen und darstellen. Die Transparenz ermöglicht dann auch eine gesonderte Bewirtschaftung. Werden den (Ziel-)Mengen die bereits getätigten Einkäufe gegenübergestellt, ist sehr schnell ersichtlich, in welchem Umfang Handlungsbedarf besteht. Offene Positionen und Hedgeempfehlungen lassen sich so bestimmen. Das ist die Grundlage für eigenständige Bewirtschaftungsstrategien, die ohne diese Informationen nicht möglich sind.

Ein weiterer Punkt, der aus der Transparenz folgt, ist die Möglichkeit, den Erfolg der dargestellten Segmente einzeln zu bewerten. Durch die Gegenüberstellung der Absatzpreise und der Eindeckungspreise kann der Deckungsbeitrag bestimmt werden. Einschränkend muss man jedoch hinzufügen, dass üblicherweise Spotergebnisse und die Preisänderungen aus Ausgleichsenergie nur portfolioübergreifend vorliegen. Diese Bestandteile können nicht mehr explizit pro Segment bestimmt werden.

Langfristige Bewirtschaftung 4

Die Entwicklung der Preise für Gas und Strom unterliegt vielfältigen Einflüssen und lässt keine genaue Prognose zukünftiger Preise zu. Diese grundsätzliche Unsicherheit macht ein Regelwerk erforderlich, das eine Bewirtschaftung eines Portfolios ermöglicht und den Umgang mit diesen Unsicherheiten aufzeigt.

Es ist auf keinen Fall ratsam, die Entscheidung zur Beschaffung von Mengen vom Zusammentreffen eines Entscheidungsgremiums abhängig zu machen oder intuitiv zu fällen. Ein solches Vorgehen birgt sehr hohe Preisrisiken. Stattdessen empfiehlt sich ein Regelwerk, das Beschaffungszeitpunkte ableitet und allgemein einen Rahmen für die Beschaffung steckt.

Das Ziel eines solchen Rahmenwerks ist es, den Beschaffungspreis des Portfolios zu optimieren. Ausgangspunkt ist in den meisten Fällen eine Zieleindeckung[1], die als Ankerpunkt dient. Diese Zieleindeckung baut sich im Laufe der Bewirtschaftung Schritt für Schritt auf und reflektierte vor einigen Jahren die fortschreitende Kontrahierung der Kunden auf der Absatzseite. Unter den aktuellen Rahmenbedingungen lässt sich diese Linie heute eher als zunehmende Sicherheit in Bezug auf die Absatzlast interpretieren. Hier ergibt sich ein Bezug zu den Prognosen, denn die Menge, die sich hinter dieser Zieleindeckung verbirgt, wird im Rahmen der bereits angesprochenen Prognosen bestimmt. Als Vergleichsmaßstab der Strategie sollte der Durchschnittspreis der Absatzlast während der Bewirtschaftung dienen. Da mittlerweile alle Dienstleister und Händler diesen Durchschnittspreis liefern können, sollte eine strukturierte Beschaffung einen Preis ermöglichen, der unter diesem Durchschnitt liegt.

---

[1]Die Zieleindeckung beschreibt, bis zu welchem Grad die benötigten Mengen im Vorfeld am Terminmarkt beschafft werden.

© Springer Fachmedien Wiesbaden GmbH, ein Teil von Springer Nature 2019
S. Schnorr, *Portfolio-Management in Stadtwerken*, essentials,
https://doi.org/10.1007/978-3-658-23749-3_4

4.1   Kauf und Verkauf

Eine Strategie sollte die Möglichkeit enthalten, bereits beschaffte Mengen nach Marktlage auch wieder abverkaufen zu können. Diese Option muss dann in den jeweils geltenden Rahmenbedingen, genannt sei hier als Beispiel das Risikohandbuch, implementiert sein.

An dieser Stelle gibt es immer wieder Bedenken, gerade auf Ebene der Geschäftsführung oder sogar auf Gesellschafterebene. Oft herrscht das Denken vor, dass ein Versorger nur Mengen kauft bzw. beschafft. Die historischen Preisverläufe, hier gerade der lang anhaltende Abwärtstrend in den Handelsjahren 2012 und 2013, macht jedoch sehr gut deutlich, dass ohne die Möglichkeit eines Verkaufes Mengen im Portfolio verbleiben, die zu höheren Preisen erworben wurden. Ohne einen Abverkauf müssen in solchen Fällen fortlaufende Verluste in den Marktwerten hingenommen werden. Der Abverkauf kann auch in einem Umfeld mit starkem Wettbewerb kurzfristig notwendig werden. Beispielsweise wechseln als sicher angenommene Tarifkunden zu einem aggressiven Wettbewerber, oder ein Sondervertragskunde stellt im Rahmen einer Insolvenz seinen Geschäftsbetrieb ein. In solchen Fällen ist das Portfolio in der Regel überdeckt. Im Extrem zeigte sich dieser Punkt in den Preisverläufen nach der Hochphase im Jahr 2008. Mengen, die in dieser Zeit gekauft wurden, generierten fortlaufend negative Marktwerte in den folgenden Jahren.

An der Stelle wird häufig der Einwand vorgebracht, dass insbesondere Verkäufe ja Spekulation darstellen. Jedoch stellt eine Strategie, die nur Käufe vorsieht, ebenso eine Spekulation im so verstandenen Sinne dar, da man in diesem Fall von der Annahme ausgeht, dass die Preise sich nicht gegen das Werk entwickeln. Die Entscheidung, Mengen zu erwerben (ohne sie wieder abverkaufen zu können), impliziert die Erwartung, dass der Einkauf zu einem günstigen Zeitpunkt bzw. Preis erfolgt. Man erwartet, dass es in der Zukunft keine günstigere Gelegenheit geben wird. Diese Annahme entspricht wesentlich eher der Definition von Spekulation, die die Entscheider im Hinterkopf haben. Die bereits angesprochene Unsicherheit der Marktentwicklung macht es notwendig, Mengen kaufen und verkaufen zu können, um den Eindeckungspreis des Portfolios optimieren zu können. Den idealen Eindeckungszeitpunkt kann man stets zuverlässig nur im Rückblick bestimmen, was im Rahmen der Bewirtschaftung natürlich niemandem hilft.

4.2 Rahmenbedingungen

Eine Beschaffungsstrategie ist in der Regel nicht das einzige formale Rahmenwerk eines Stadtwerks. Es gibt weitere interne und externe Rahmenbedingungen. Als interne Rahmenbedingung existiert in nahezu allen Stadtwerken mittlerweile ein Risikohandbuch. Die Regelungen einer Beschaffungsstrategie dürfen diesem Risikohandbuch natürlich nicht zuwider laufen.

Die Liste der externen Rahmenbedingungen ist lang und ständig im Fluss, insbesondere bedingt durch regulatorische und gesetzliche Veränderungen. Auf der regulatorischen Seite sind Regelungen zu Kundenwechselprozessen zu nennen, oder die Anforderungen aus den Marktregeln für die Durchführung der Bilanzkreisabrechnung (MABIS) etc. Die gesetzlichen Punkte werden auch zunehmend zahlreicher und komplexer. Themen wie EEG (Erneuerbare-Energien-Gesetz), REMIT (Regulation on Wholesale Energy Market Integrity and Transparency), EMIR (European Market Infrastructure Regulation) oder MiFID (Markets in Financial Instruments Directive) wurden hier zuletzt diskutiert.

Die Regelungen wirken in unterschiedlichem Ausmaß bis in die Beschaffungsstrategie hinein. Wenn der Einfluss bis auf diese Ebene reicht, müssen die einschlägigen Vorgaben in der Beschaffungsstrategie berücksichtigt werden.

4.3 Grundlegender Ansatz

Eine Strategie kann zwei grundlegenden Ansätzen folgen. Ein intuitives Vorgehen, das Kauf und Verkauf aus einem Bauchgefühl heraus bestimmt, stellt keine Strategie im eigentlichen Sinne dar. Die hier zu beschreibenden Strategien entstanden mit dem Ziel, intuitives Vorgehen durch ein stärker formalisiertes, nachvollziehbareres Handeln zu ersetzen.

4.3.1 Fundamental orientierte Strategien

Ein erster Ansatz kann darin bestehen, die Kauf- und Verkaufszeitpunkte aus den Fundamentaldaten abzuleiten. Dieses Herangehen ist zukunftsorientiert. Um sich ein Bild der zukünftigen Entwicklung zu machen, werden die preisbeeinflussenden Faktoren ermittelt. Auf Basis von deren Beurteilung wird anschließend eine Einschätzung des untersuchten Wertes vorgenommen. Für den Stromterminmarkt kommen als Einflussgrößen beispielsweise die Preise am Kohleterminmarkt und die Preise für CO_2-Emissionsrechte infrage. Man spricht bei diesem

Vorgehen auch von einer „kausalen Deduktion". Um die Faktoren zu ermitteln, kommen verschiedene Methoden oder Werkzeuge zum Einsatz. Regelmäßig trifft man hier auf Korrelations- und Sensitivitätsanalysen. Sind die Faktoren identifiziert, muss der Einfluss auf die Zielgröße untersucht werden. Mit welchem Gewicht gehen Änderungen eines Einflussfaktors in die Strompreise ein? An dieser Stelle kommen zum Beispiel Regressionsanalysen zum Einsatz.

Die Fundamentalanalyse bietet einige Vorteile. Sie ermöglicht es, den theoretisch fairen Wert zu ermitteln. Man stellt nicht nur auf Marktdaten ab, sondern richtet sein Augenmerk auf alle relevanten Einflussgrößen. Damit stößt man jedoch auch schnell an die Grenzen dieses Ansatzes. Durch die Vielzahl der relevanten Zusammenhänge wird das Bild äußerst komplex. An die Stelle der Unsicherheit eines Preises treten Unsicherheiten mehrerer Einflussgrößen. Dies wird am Beispiel des Strompreises deutlich. Der Preis für Baseload im nächsten Kalenderjahr hängt unter anderem von der Preisentwicklung der Kohle und der Emissionszertifikate ab. Weiterhin spielt der Gaspreis eine Rolle sowie der Verkauf der Spotlieferungen im laufenden Jahr. Der unbekannte Wert des Strompreises wurde damit durch vier Größen ersetzt, über deren Verlauf eine Einschätzung getroffen werden muss. Darüber hinaus sind Kursbewegungen nicht immer rational und fundamental begründbar. So war der vermutete Short Squeeze im Jahr 2014 durch die Fundamentaldaten nicht vorhersagbar.

4.3.2 Technisch orientierte Strategien

Im Rahmen einer technisch orientierten Strategie bildet man sich eine Marktmeinung auf Basis von Vergangenheitsdaten. Hier spielt das Konzept der informationseffizienten Märkte eine Rolle. Dieses besagt ganz grob, dass die Märkte in unterschiedlichem Ausmaß relevante Informationen bereits eingepreist haben. Die Ableitung der Kauf- und Verkaufszeitpunkte erfolgt über mathematisch-statistische Auswertungen, man spricht hier auch von „Charttechnik". Hier kommen Instrumente wie Widerstandslinien oder Trendkanäle zum Einsatz. Marktphasen werden über Indikatoren wie gleitende Durchschnitte bestimmt. Die Möglichkeiten hier sind nahezu unbegrenzt.

Die Vorteile dieses Ansatzes bestehen in der eher kurzfristigen Orientierung. Die Einflussfaktoren spielen hier ebenfalls eine Rolle, nur nicht als Preiszeitreihe an sich, sondern als Reaktion des Marktes auf deren Änderungen. Die unterschiedlichen Einschätzungen des weltweiten Kohlemarktes, um im obigen Beispiel zu bleiben, werden nicht explizit als Kohlepreis einbezogen, sondern als Reaktion der Stromhändler auf diese Entwicklungen gedeutet. Sprich, die geänderten Erwartungen führen zu einer Preisbewegung für Baseload cal2015. Dies führt dann ggf. zu einem Auslösen eines Indikators oder Überschreiten einer Widerstandslinie, die dann wiederum bestimmte Handlungen nach sich zieht. Die Erfahrung zeigt, dass viele Händler am Großhandelsmarkt technisch orientiert agieren.

Seine Grenzen findet dieser Ansatz in seiner Vergangenheitsorientierung. Insbesondere wenn Systemänderungen eintreten oder Strukturumbrüche auftreten, verlieren die bisher eingesetzten Indikatoren unter Umständen ihre Aussagekraft. Eine weitere Herausforderung entsteht durch den sogenannten „Noise". Nicht alle Händler agieren nach denselben Zielsystemen. Portfolioumschichtungen führen zu einer Preisbewegung, die nicht durch geänderte Rahmenbedingungen erklärbar ist. Genauso verhält es sich, wenn ein Investor zum Beispiel aus Liquiditätsgesichtspunkten größere Positionen auflöst. Auslöser für dieses „Rauschen" finden sich viele. Das Ergebnis ist in jedem Fall eine verringerte Aussagekraft der eingesetzten Methoden.

4.4 Komponenten einer Strategie

Beschaffungsstrategien enthalten regelmäßig zwei Komponenten, die die Eindeckung steuern: eine mengenbezogene und eine preisbezogene Komponente. Die beiden Komponenten sollten, in unterschiedlichem Ausmaß, in jeder Strategie implementiert sein.

4.4.1 Mengenbezogene Komponente

Die mengenbezogene Komponente einer Strategie umfasst zum einen den mengenmäßigen Spielraum, der in der Bewirtschaftung vorgesehen ist. Im Rahmen dieser Komponente wird festgelegt, welche Menge zu jedem Zeitpunkt minimal beschafft sein muss und maximal beschafft sein darf. Es werden obere und untere Hedgelimits eingeführt. Die Hedgelimits haben meist zwei Aufsetzpunkte: Zum einen werden Grenzen in Relation zur Gesamtprognose festgelegt. Regelmäßig wird die Bewirtschaftung so limitiert, dass nie mehr als die gemäß aktueller Prognose benötigte Menge eingedeckt sein darf. Das obere Hedgelimit in Bezug auf die Gesamtprognose liegt in vielen Werken bei 100 %. Darüber hinaus wird ein unteres Hedgelimit bezogen auf die Gesamtprognose eingeführt. In vielen Fällen liegt dieses Limit bei 0 %. Physische Short-Positionen, also ein Verkauf ohne vorhergehende Käufe, sind somit ausgeschlossen. Aus diesen Hedgelimits resultiert ein Korridor, in dem sich die Beschaffung mengenmäßig bewegen muss. Durch die Einführung von Mindesteindeckungsgrenzen wird sichergestellt, dass sukzessive Mengen beschafft werden. Kurz vor Lieferung ist somit ein gewisser Mindestbestand gewährleistet. Weiterhin wird sichergestellt, dass auch ohne Kaufsignale Eindeckungen erfolgen. Die unteren Mengenlimits dürfen nicht verletzt werden und führen dazu, dass auch ohne eine explizite Kaufentscheidung Volumen beschafft wird.

Werden die Mengenlimits mit einer Bandbreite von Null eingeführt, muss genau der Zieleindeckungspfad beschafft werden. In der Folge wird genau der Durchschnittpreis während der Bewirtschaftungsperiode erzielt. Dieser Fall ist eher ein Gedankenspiel und in der Praxis nicht zielführend. Dazu kommt noch die Frage, ob die Volumina in der nötigen Granularität beschafft werden können.

Die Mengenlimits haben, wie alle anderen Parameter auch, Auswirkungen auf den möglichen Erfolg einer Strategie. Grundsätzlich gilt, dass größere Erfolge durch größere Spielräume möglich werden. Aufgrund der Komplexität in den Wechselwirkungen der Parameter einer Strategie kann allerdings nicht pauschal davon ausgegangen werden, dass mit größeren Hedgelimits ein größerer Erfolg zu erzielen ist.

Neben den Mengengrenzen in Bezug auf die Gesamtprognose werden im Rahmen der mengenbezogenen Komponenten auch die Tranchengrößen festgelegt. Damit wird bestimmt, welche Mengen bei auftretenden Preissignalen gehandelt werden. Erfahrungsgemäß erfolgt der Handel in der Größenordnung von 1 MW Jahresbaseload bzw. -peakload.

Die Abb. 4.1 zeigt beispielhaft den Verlauf der Zieleindeckung. Diese Linie steigt im Laufe der Zeit an, sodass am Ende der Bewirtschaftung diese Zieleindeckung bei 100 % der prognostizierten Absatzlast liegt. Als Bezugsgröße dient in den folgenden Darstellungen regelmäßig die zugrunde liegende Prognose für das entsprechende Lieferjahr. Angenommen wurde eine Bewirtschaftung über 36 Monate. Dies ist eine übliche Größe für Stromportfolios. In einer feineren Auflösung der X-Achse würde sich eine Treppenlinie ergeben. Mit jedem Monatsbeginn würde die Zieleindeckung um 1/36 steigen.

Diese Darstellung zeigt lediglich ein verbreitetes Vorgehen, andere Varianten sind jedoch denkbar. Zum einen sind die Bewirtschaftungszeiträume anders wählbar. Statt über drei Jahre kann auch über 1,5 oder auch fünf Jahre bewirtschaftet werden. Dies wird in der Abb. 4.2 dargestellt. Darüber hinaus kann auch die Zieleindeckung anders verlaufen. Anstelle eines linearen Verlaufes sind auch andere Möglichkeiten vorstellbar. Beispielsweise ist es auch denkbar, im ersten Jahr der dreijährigen Bewirtschaftung 50 % zu beschaffen. Im zweiten Jahr dann weitere 30 %, und die fehlenden 20 % werden dann im letzten Jahr beschafft. Dieses Vorgehen wird in der Abb. 4.3 dargestellt.

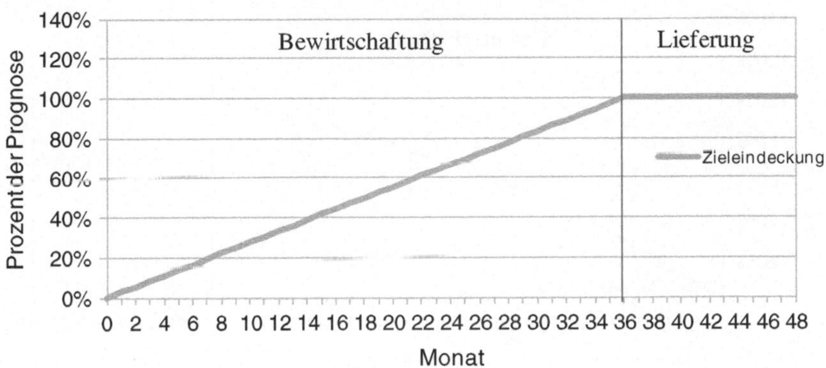

Abb. 4.1 Verlauf der Zieleindeckung

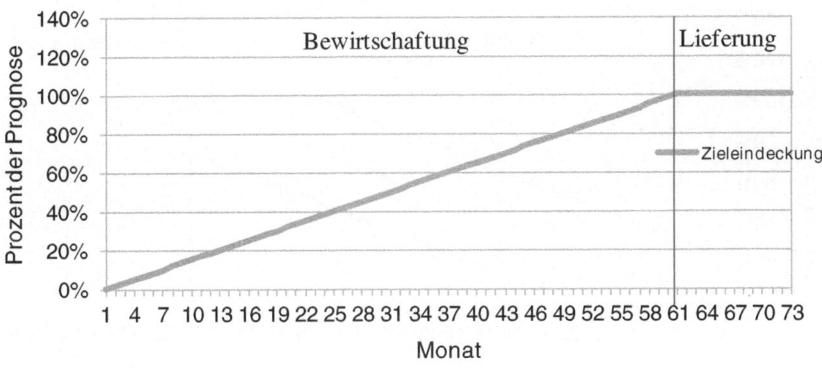

Abb. 4.2 Verlauf der Zieleindeckung – Variante 1

Um nun eine Optimierung des Beschaffungspreises zu ermöglichen, werden Mengenlimits eingeführt. In dem hier dargestellten Beispiel liegen diese bei +25 % und −25 % zur Zieleindeckung.

In Abb. 4.4 kann man auch die Limitierung in Bezug auf die Absatzlast erkennen. Das untere Mengenlimit beginnt nicht bei −25 %, sondern bei 0 %. Ein Verkauf zu Beginn der Bewirtschaftung ist hier ausgeschlossen. Eine solche Limitierung ist bei vielen Stadtwerken anzutreffen. Es erfolgt eine weitere Limitierung in Bezug auf das obere Hedgelimit. Mehr als 100 % der Prognose dürfen hier nicht beschafft werden. Auch diese Einstellung ist bei vielen Stadtwerken verbreitet.

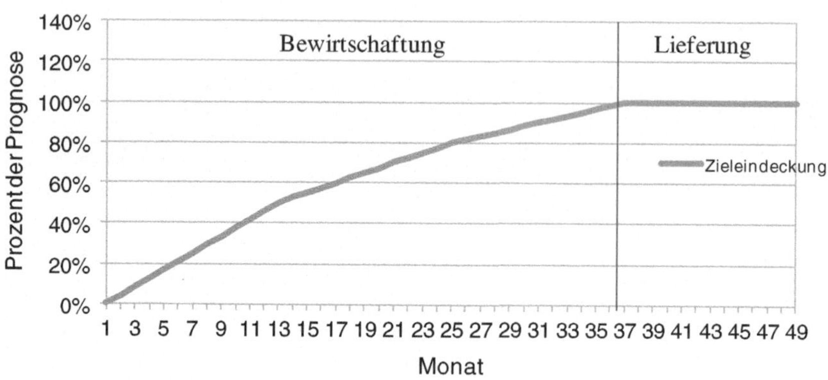

Abb. 4.3 Verlauf der Zieleindeckung – Variante 2

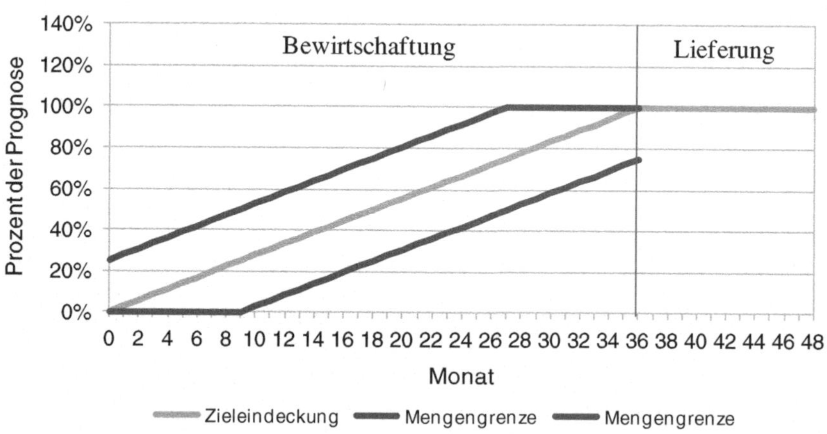

Abb. 4.4 Zieleindeckung und Mengenlimits

Die Mengengrenzen werden hier während der Lieferung, also ab Monat
36, nicht dargestellt. Die Portfolios starten in die Lieferung mit einem Zieleindeckungsgrad, also einer Vorgabe in Bezug auf die Mengengrenzen. Normaler-
weise liegen die Zieleindeckungsgrade zwischen 90 und 100 % der Prognosen.
Erwartungen in Bezug auf die Mengen während der Lieferung und die Entwicklung der Spotmärkte stehen hinter solchen Entscheidungen.

Die tatsächliche Eindeckung bewegt sich stets zwischen den beiden äußeren Linien (vgl. Abb. 4.5).

Der Eindeckungsgrad ergibt sich durch das Verhältnis der bereits beschafften Produkte zur prognostizierten Absatzlast. Daraus folgt, dass sich der Eindeckungsgrad durch Änderungen der Prognose verschiebt. Im Extremfall kann eine Prognoseänderung zu einer Verschiebung des Eindeckungsgrades über die Mengenlimits hinaus führen, was einen Kauf oder Verkauf zur Folge hätte. Dieser Fall tritt jedoch eher selten ein. An dieser Stelle kann die Beschaffungsstrategie dem Beschaffer den Freiraum einräumen, diesen Handel hinauszuzögern, falls dies aufgrund der Marktlage ratsam erscheint. Existiert ein solcher Spielraum nicht, müssen Mengen beschafft oder verkauft werden.

In nahezu allen Stadtwerken liegen den Mengengrenzen stets die Prognosen zugrunde. Die Mengenkorridore, die Zieleindeckungsgrade und die tatsächlichen Eindeckungsgrade werden oft in Relation zu diesem Wert dargestellt. Die Eindeckung insbesondere des Stromportfolios geschieht jedoch schlussendlich mit Blick auf den wertneutralen Hedge (siehe auch Kap. 8) der Struktur. Ein rein mengenmäßiges Vorgehen birgt Preisrisiken. Für eine mehr oder weniger normale Absatzlast liegt der wertneutrale Hedge über dem mengenneutralen. Die Folge: Für eine vollständige Eindeckung muss mehr Volumen beschafft werden, als die Prognose tatsächlich vorgibt. Liegt die Prognose beispielsweise bei 500 GWh,

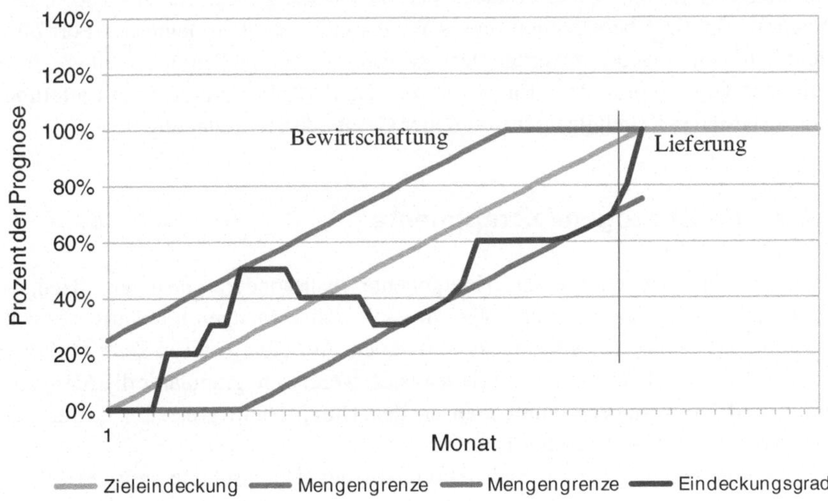

Abb. 4.5 Mengenlimits und Eindeckungsgrad

kann es sein, dass der wertneutrale Hedge eine Beschaffung von 525 GWh in Standardprodukten vorgibt. Bei entsprechend weiten Mengenkorridoren in der Bewirtschaftung und bei den Zieleindeckungsgraden von weniger als 100 % ist dies in keiner Weise störend. Liegt die Bandbreite, in der beschafft werden kann, bei 20 %, entsteht in dem Beispiel kein Problem. Solange die Eindeckung zwischen 450 GWh und 550 GWh liegt, tritt keine Verletzung des Mengenlimits auf. Jedoch kann es bei sehr engen Mengengrenzen durchaus passieren, dass es hier zu Auffälligkeiten kommt. Wenn diese auf Basis der Prognose bestimmt werden, die Eindeckung jedoch den wertneutralen Hedge zugrunde legt, entsteht möglicherweise eine Verletzung der Mengengrenze. Solch enge Mengengrenzen sind beispielsweise häufig bei der Eindeckung von Back-to-back-Portfolios anzutreffen. Viele Stadtwerke geben hier aus Gründen der Handhabbarkeit vor, dass die Eindeckung maximal 1 oder 2 MW von der Zielgröße abweichen darf. Bei 2 MW maximaler Über- oder Unterdeckung könnte der wertneutrale Hedge im Beispiel nicht eingedeckt werden, da dann das Limit bei 517,5 GWh (2 * 8760 M Wh = 17.520 MWh $\approx$ 17,5 GWh) läge. In diesen Fällen ist es durchaus ratsam, Mengengrenzen auf dem wertneutralen Hedge der Prognose basieren zu lassen, um solche Limitverletzungen zu vermeiden. Statt also hier eine Begrenzung auf die prognostizierte Menge einzuführen, könnte das Mengenlimit bei 2 MW über oder unter dem wertneutralen Hedge der Prognose angesetzt werden.

Ein weiterer Punkt, an dem diese Thematik greift, ist der Zeitpunkt kurz vor Lieferung. Viele Stadtwerke erlauben eine Eindeckung meist nur bis 100 % der Prognose. Ist ein Überschreiten dieses Wertes nicht möglich, kann das Portfolio nicht komplett eingedeckt werden. Der wertneutrale Hedge liegt meist einige Prozent über dem Prognosewert. Entweder geht das Portfolio unterdeckt in Lieferung oder es bestehen Regelungen, die dem hier Geschilderten Rechnung tragen.

4.4.2 Preisbezogene Komponente

Wird nur eine mengenbezogene Komponente, insbesondere ein unteres Hedgelimit, eingeführt, hätte das zur Folge, das sukzessive Mengen beschafft werden, um eine Verletzung dieses Limits zu vermeiden. Auf diesem Wege kann für Teile des Portfolios der Durchschnittspreis realisiert werden. Je granularer die Mengenlimits sind, desto näher kommt man an den Durchschnittspreis. Im Extremfall wird jeden Tag ein Teil beschafft.

Viele Strategien zielen jedoch darauf ab, den Durchschnittspreis zu schlagen. Der Durchschnittspreis selbst kann mittlerweile von Dienstleistern und Händlern garantiert geliefert werden. Um nun Vorteile zu generieren, wird die preisbezogene Komponente eingeführt. Diese bietet die Möglichkeit, von Preisentwicklungen am Markt zu profitieren. Im Rahmen der preisbezogenen Komponente werden Signale zum Kauf und Verkauf bestimmt. Der größte Teil der Strategien leitet diese Signale auf Basis von technischen Indikatoren ab. Denkbar sind hier gleitende Durchschnitte, statische oder dynamische Preislimits und viele weitere. Das mögliche Vorgehen ist äußerst vielfältig, wie ein Blick in die einschlägige Literatur[2] schnell offenbart. Zum einen kann das Signal selbst aus dem Verhalten eines Indikators oder dem Verhältnis einer Preiszeitreihe zu einem Indikator abgeleitet werden. Denkbar wäre, Käufe dann zu tätigen, wenn das Settlement über einem gleitenden Durchschnitt liegt, Verkäufe erfolgen im umgekehrten Fall. Weitere Möglichkeiten ergeben sich aus der Kombination von Elementen. Weit verbreitet ist die Unterteilung eines Marktes in Marktphasen anhand eines technischen Indikators. Käufe werden dann zum Beispiel nur in steigenden Märkten getätigt. Diese können vorliegen, wenn, um das bereits genannte Beispiel aufzugreifen, das Settlement einen gleitenden Durchschnitt übersteigt. Käufe oder Verkäufe innerhalb einer Marktphase werden dann durch Preislimits generiert.

Die Wahl des Indikators fällt schwer, da die Literatur viele Vorschläge bereithält. Die Strategie hat die Aufgabe, die Beschaffung zu erleichtern. Sie soll einen Handlungsrahmen stecken und die Mitarbeiter entlasten. Ein einziger Indikator, der in allen Situationen gut funktioniert, existiert nicht. Vorteile in der Übersichtlichkeit müssen mit Abstrichen beim erreichbaren Ergebnis erkauft werden. Um die Übersichtlichkeit zu gewährleisten, sollten nicht zu viele Indikatoren herangezogen werden. Als Faustregel kann sicher gelten, das bei mehr als drei Faktoren der Aufwand zu groß wird. Werden zu viele Signalgeber gewählt, kann es zu gegensätzlichen Signalen kommen. Käufe werden durch einen Teil, Verkäufe durch den anderen Teil der Indikatoren angezeigt. Oder ein Teil der Indikatoren ist noch neutral. Die gegenläufigen Aussagen müssen interpretiert und überprüft werden, was zu Mehraufwand statt zur gewünschten Arbeitserleichterung führt. Schnell schleicht sich auf diesem Weg dann wieder das „Bauchgefühl" ein, da der Beschaffer in solchen Fällen dazu neigt, einem Indikator stärker zu glauben als einem anderen. Darüber hinaus sollten die Indikatoren und ihr Abschneiden anhand historischer Werte überprüft werden. Eine Übertragung von Formeln, die in den 80er Jahren des letzten Jahrhunderts auf dem amerikanischen Finanzmarkt gute Renditen ermöglicht haben, auf die Strompreise in Deutschland erscheint

---

[2]Vgl. Wilder (1978) oder Murphy (2004).

nicht sinnvoll. Die Berechnung sollte nachvollziehbar (und nicht zu komplex) sein, und die nötigen Informationen sollten auch verfügbar sein.

4.5   Interdependenzen zwischen den Parametern

Bereits aus den hier kurz umrissenen Varianten einer Strategie wird ersichtlich, dass es eine Vielzahl an Parametern gibt, zwischen denen Wechselwirkungen bestehen. Gemeint ist an der Stelle nicht die gegenseitige Abhängigkeit der Parameter in dem Sinne, dass eine Änderung des einen zwangsläufig die Änderung eines zweiten nach sich zieht. Im Fokus sollten hier die Auswirkungen auf den Erfolg der Strategie stehen. In Bezug auf diese Größe sind die Wirkungen der Parameter komplex und eben auch interdependent. Die Wahl der Parameter erfolgt in aller Regel nicht nur im Hinblick auf eine Preisoptimierung, sondern auch vor dem Hintergrund bereits existierender Regeln und Rahmenbedingungen.

Ein Beispiel: In den meisten Stadtwerken ist eine physische Short-Position, also ein Abverkauf, ohne dass vorher Käufe stattfanden, nicht möglich. Es dürfen also in der summarischen Betrachtung über den Bewirtschaftungszeitraum nicht mehr Volumen abverkauft werden, als bereits beschafft wurden. Dem üblichen Verlauf der Mengenlimits folgend, kann dieses Ereignis meist nur am Anfang der Bewirtschaftung auftreten. Im Laufe der Bewirtschaftung steigt der minimal beschaffte Bestand meist sukzessive an und ist damit größer als Null. Dem Gedanken der meisten Strategien folgend, Preisbewegungen auszunutzen und dadurch Preisvorteile zu generieren, steigt der potenzielle Erfolg der Strategie bei einer Vergrößerung des mengenmäßigen Spielraums meist an. Durch die Limitierung auf „mindestens Null" ist ein früher Verkauf oft ausgeschlossen. So wird der mögliche Erfolg verringert, da gerade am Anfang Preisbewegungen, die einen Verkauf anzeigen, nicht „mitgenommen" werden können.

Ein weiteres Beispiel für die Wechselwirkung rührt oft aus dem Zusammenspiel der Preislimits und der Mengengrenzen. Unterschiedlich weit gefasste Preislimits führen zu unterschiedlichen Zeitpunkten zu einem Handel. Hier eine pauschale Einschätzung über die generelle Eignung einer Parameterkombination bzw. Einstellung zu geben, fällt schwer. Die jeweils vorhanden Marktphasen und die Volatilität der Preise spielen naturgemäß eine große Rolle. Nimmt man nun noch geltende Mengenbeschränkungen hinzu, wird das Bild komplex. An der Stelle sind vielfältige Kombinationen möglich. Es ist nun nicht mehr möglich, ohne ein entsprechendes Backtesting (siehe hierzu Abschn. 4.6) günstige Kombinationen zu ermitteln. Eher eng gefasste Limits führen zusammen mit eng gefassten Mengengrenzen unter Umständen zu gleichen Ergebnissen wie weit gefasste Limits und großzügige Mengengrenzen. Kommen nun noch weitere Parameter hinzu, werden die Wechselwirkungen zahlreicher und das Gesamtbild noch komplexer. Die eine, wahre Strategie existiert nicht. Formal würde man schreiben, dass die Funktion, die den Erfolg der Strategie in Abhängigkeit der Parameter beschreibt, nicht eindeutig lösbar ist. Es existieren mehrere Lösungen, nicht nur eine einzige.

4.6 Erfolgsfaktoren

Die Entscheidung für einen Strategieansatz ist komplex und darf nicht leichtfertig gefällt werden. Zwei wesentliche Punkte spielen bei dem Erfolg einer Strategie eine überragende Rolle: ein Backtesting der Parameter und ein regelmäßiges Monitoring.

4.6.1 Backtesting

Die unterschiedlichen und komplexen Zusammenhänge zwischen den Parametern und ihre Auswirkungen auf das Ergebnis der Strategie machen ein Backtesting notwendig. In diesem Rahmen können verschiedene Konstellationen an Einstellungen anhand historischer Preisverläufe überprüft werden. Denn eine Parameterkonstellation, die in bereits abgelaufenen Lieferjahren zum Erfolg führte, hat eine hohe Wahrscheinlichkeit, sich auch in zukünftigen Perioden als erfolgreich zu erweisen. Hinter dieser Aussage steht die Annahme, dass es an den Märkten keinen Systembruch gibt. Nur wenn die zukünftigen Preisverläufe den vergangenen in den wesentlichen Charakteristika ähneln, kann diese Annahme getroffen werden.

Teilweise werden allgemein bekannte Strategien übernommen, bspw. die Bewirtschaftung über Preislimits. Durch die häufige Nennung der Strategien entsteht der Eindruck, diese seien vorteilhaft. Werden Strategien jedoch ohne ein Backtesting implementiert, verschenkt man bestenfalls Vorteile, oder erleidet, im schlechtesten Fall, Verluste. Um dies zu vermeiden, und um den einmal gewählten Strategieansatz an die speziellen Gegebenheiten anzupassen, ist ein solches Backtesting unumgänglich. An der Stelle müssen dann auch Beschränkungen Beachtung finden, denen die Beschaffung unter Umständen unterliegt. Einer der wichtigsten Aspekte an der Stelle war in der Vergangenheit die Möglichkeit, Mengen abzuverkaufen. Je nachdem, ob eine reine Einkaufsstrategie oder eine Bewirtschaftungsstrategie eingeführt wird, ändert sich die Vorteilhaftigkeit bestimmter

Parameter. Oft werden auch in Risikohandbüchern oder anderen formalen Rahmenbedingungen einzelne Aspekte der Bewirtschaftung festgeschrieben, wie beispielsweise die maximal oder minimal zu beschaffende Menge. Diese Restriktion muss natürlich in der Strategie berücksichtigt werden.

4.6.2 Monitoring

Zum Erfolg der Strategie trägt auch die regelmäßige fortlaufende Kontrolle und Überwachung der Strategie und ihrer zugrunde liegenden Parameter bei. Empfehlenswert ist ein einjähriger Turnus. In diesem Zusammenhang werden zwei wesentliche Dinge geprüft:

Die erste Prüfung bezieht sich auf die Frage, ob die gewählte Strategie grundsätzlich noch geeignet ist. Stimmen die Annahmen aus der Strategie und das aktuelle Marktumfeld noch überein? Ist die Strategie nach wie vor grundsätzlich geeignet, einen Vorteil in der Bewirtschaftung zu generieren?

Der zweite Aspekt ist die Eignung der gewählten Parameter. Im Laufe der Zeit kann es zu Änderungen in der Parametrierung kommen. Die Vielzahl der Parameter, die regelmäßig in Strategien festgelegt werden, macht eine Feinabstimmung möglich. Ohne gleich eine komplett neue Strategie aufzusetzen, kann über die Wahl der Parameter auf Änderungen am Markt reagiert werden. Denkbar ist zum Beispiel die Veränderung der Mengengrenzen, um die in den Handelsjahren zu bewirtschaftende Menge zu steuern. Oder ein anderer Indikator, zum Beispiel ein gleitender Durchschnitt mit einer anderen Stützperiode, erzielt bessere Ergebnisse.

4.7 Weitere Inhalte einer Strategie

Neben den hier beschriebenen Punkten müssen bei der Festlegung der Strategie auch weitere Parameter oder Inhalte festgelegt werden. Eine der ersten Fragen in diesem Zusammenhang ist, wie weit im Voraus ein Lieferjahr bewirtschaftet werden soll. Die Frage lässt sich, wie so oft, nicht pauschal beantworten. Unter anderem hängt die Antwort davon ab, wie sich das betreffende Werk im Wettbewerb positionieren will. Es spielt auch eine Rolle, wie die Strategie konkret ausgestaltet ist. Was sind die Treiber für den Erfolg der Strategie? Sollen Marktbewegungen ausgenutzt werden, um Preisvorteile zu generieren, dann sollte die Bewirtschaftung so lange wie möglich laufen. Je mehr Marktbewegungen und Marktphasen auftreten, umso deutlicher kann die Strategie ihr Potenzial entfalten.

An diesem Punkt spielt die Liquidität der zu handelnden Produkte eine Rolle. In aller Regel werden für die weiter entfernten Lieferperioden vorrangig Baseprodukte gehandelt. Diese sind meist für die nächsten drei Lieferjahre liquide und mit tolerierbaren Aufschlägen handelbar. Das Frontjahr und oft auch das darauffolgende Lieferjahr sind meist mit einem Spread von 5 Cent verfügbar. Geht man weiter in die Zukunft, sinkt die Liquidität und die Aufschläge steigen. Vor diesem Hintergrund ist ein Handel der nächsten drei Lieferjahre empfehlenswert.

Eine zweite Frage, die sich im Rahmen der Strategiefindung stellt, ist die nach dem Zieleindeckungsgrad. In den letzten Jahren war eine Short-Strategie, also die Eindeckung des Portfolios bis zu einem Wert unter 100 %, vorteilhaft. Die Werke gingen mit Eindeckungsgraden von beispielsweise 90 %, teilweise auch niedriger, in die Lieferung. Die nicht am Terminmarkt im Voraus beschafften Mengen wurden dann am Spotmarkt in der Lieferperiode erworben. Der Vorteil entstand durch die Preisentwicklung am Spotmarkt. Der in den Jahren 2012 bis 2014 immense Zubau an Solar- und Windanlagen führte, im Vergleich zum Preis am Terminmarkt im Vorfeld, regelmäßig zu niedrigeren Spotmarkt-Ergebnissen. Durch den Einspeisevorrang drängten diese Erzeugungen auf den Markt und drückten die Preise. Die noch fehlenden Mengen konnten so billiger eingekauft werden, als es am Terminmarkt davor möglich war. „Der Sommer 2018 zeigte die Risiken eines solchen Vorgehens. Ausbleibender Wind und hohe Temperaturen führten zu ungewöhnlich hohen Spotpreisen."

Die Entscheidung, ein Portfolio überdeckt oder unterdeckt in die Lieferung gehen zu lassen, muss im Rahmen der geltenden Risikostrategie und unter Berücksichtigung der Markt- und Wettbewerbsverhältnisse getroffen werden. Eine pauschale Empfehlung kann hier nicht abgegeben werden.

Ein weiterer Aspekt, den es zu beachten gilt, ist das Wettbewerbs- bzw. Kundenverhalten. Muss man im Laufe eines Jahres erfahrungsgemäß mit Abwanderung von Kunden oder aggressivem Wettbewerb rechnen, wäre dies ein Argument für eine Short-Position. Plant der eigene Vertrieb seinerseits Aktionen, spräche dies für eine Überdeckung.

Dienstleister und erfahrene Berater können hier Hinweise liefern und die Entscheidung verbessern.

Kurzfristige Optimierung

5

Mit dem Hinweis auf die Spotabwicklung ist bereits der Bogen zur kurzfristigen Optimierung gespannt. Mit der Entscheidung, Teile des Portfolios nicht am langfristigen Terminmarkt einzudecken, ist nicht nur der Spotmarkt die verbleibende Alternative. Auch der kurz- bis mittelfristige Terminmarkt bietet Möglichkeiten. Infrage kommen Produkte wie Wochen, Monate oder Quartale. Welchem Kalkül folgt diese kurzfristige Optimierung? Ausschlaggebend für das Agieren in diesem Bereich sollte der Preis sein, der in die Kalkulation auf der Absatzseite einging. Dieser Preis, unter Berücksichtigung der notwendigen kalkulatorischen Zuschläge, sollte in der Beschaffung nach Möglichkeit natürlich nicht überschritten werden. Diese Forderung hat zweierlei Konsequenzen:

- Zum einen muss dieser Preis für das Lieferjahr bekannt sein. Diesem Punkt lässt sich dann leicht nachkommen, wenn der notwendige Austausch zwischen Vertrieb und Beschaffung funktioniert.
- Zum anderen muss sich der Zielpreis auf die kurzfristigen Produkte umlegen lassen. Die Preise der einzelnen Quartale schwanken, noch dazu auf unterschiedlichen Niveaus. Noch ausgeprägter sind diese Differenzen auf Ebene der Monate.

Wie kann man nun einen solchen detaillierten Zielpreis bestimmen? Denkbar wäre, mit einer Price Forward Curve (PFC) kurz vor Beginn der Lieferung mit dem Jahreszielpreis das Niveau der kurzfristigen Produkte zu bestimmen. Ein anderer Weg bestünde darin, durch schrittweises Herangehen auf Basis der aktuellen Preise für die einzelnen Lieferperioden die möglichen Preisgrenzen zu bestimmen.

© Springer Fachmedien Wiesbaden GmbH, ein Teil von Springer Nature 2019   29
S. Schnorr, *Portfolio-Management in Stadtwerken*, essentials,
https://doi.org/10.1007/978-3-658-23749-3_5

Die kurzfristige Optimierung verfolgt das Ziel der Margensicherung. Um den kalkulierten Preis nicht zu gefährden, wird eine bestehende offene Position geschlossen, wenn sich das Preisniveau der festgelegten Preisgrenze nähert. Zur Überwachung können Limits installiert werden. Als Nebenziel kann man natürlich auch Preisverbesserungen anstreben. Sinken die Terminmärkte ab, können ebenfalls Positionen geschlossen werden. So lassen sich positive Preisbewegungen „einloggen". Der niedrigere Preis wird kontrahiert und kann den gesamten Eindeckungspreis verbessern, bei gleichzeitiger Reduktion des Preisrisikos der noch bestehenden offenen Position. Mit diesem grundsätzlichen Ziel der Margensicherung sind einige Aspekte verbunden, die im Folgenden beschrieben werden.

5.1 Struktur im Lieferjahr

Ein Element, das bei der kurzfristigen Optimierung sowohl in Gas- als auch in Stromportfolios eine Rolle spielen kann, ist das Bestreben, eine strategisch eingegangene Short-Position vor Lieferung gleichmäßig zu verteilen. Mengenmäßige Ausreißer in einzelnen Monaten oder Quartalen werden reduziert, um über das Lieferjahr eine mehr oder weniger ausgeglichen Struktur zu erreichen. Preisliche Einflüsse, die aus dieser Position resultieren, sollen auf diese Weise gleichmäßig verteilt werden. Weisen einzelne Perioden deutliche höhere Positionen aus, steigt die Anfälligkeit des Portfoliopreises für Preisausreißer in eben jenen Perioden.

Abb. 5.1 zeigt eine denkbare Struktur der offenen Position eines Lieferjahres auf Ebene der Monate. Der größere Hebel liegt hier in den Monaten des ersten und vierten Quartals. Die Sommermonate sind im gewählten Beispiel nahezu komplett eingedeckt. Geht eine solche Struktur in Lieferung, ist das Risiko für Preisausreißer in den beiden Winterquartalen aufgrund der offenen Mengen relativ groß. Denkbar ist in einem solchen Fall, die Struktur etwas auszugleichen. Dazu sind Käufe im ersten oder vierten Quartal denkbar. Erfolgt die Steuerung noch feiner auf Ebene der Monate, können auch Monatsprodukte gehandelt werden. Das Ziel eines solchen Vorgehens sollte darin bestehen, eine für das Lieferjahr angestrebte Short Position gleichmäßig auf die einzelnen Monate zu verteilen. Behält man dieses Ziel vor Augen, ist es sogar denkbar, die Sommermonate abzuverkaufen und die Wintermonate einzudecken. Die Folge wäre eine im Idealfall nahezu gleich große offene Position in allen Monaten. Diese Struktur kann dann an den Spotmarkt gestellt werden. Um ein solches Vorgehen umsetzen zu können, muss die offene Position zumindest monatsscharf bestimmbar sein.

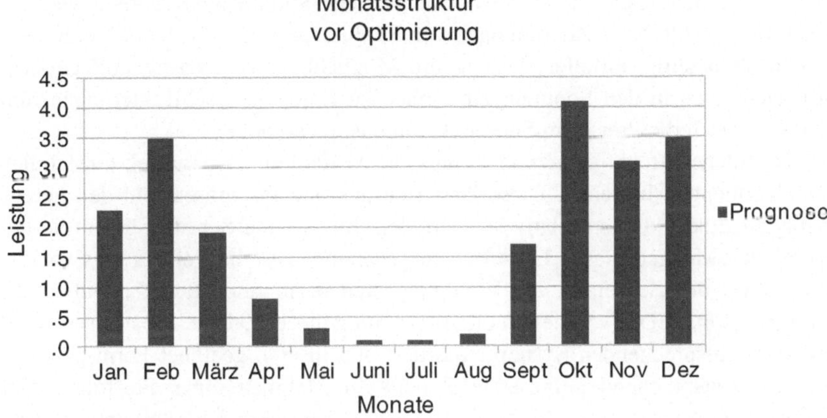

Abb. 5.1   Beispiel einer Monatsstruktur

Eine kurzfristige Optimierung wie hier beschrieben wird erfahrungsgemäß
verstärkt in Gasportfolios eingesetzt. Auslöser hierfür ist die ausgeprägte Differenz zwischen den Absatzwerten im Winter und im Sommer. Eine Eindeckung
dieser Portfolios mit Jahresprodukten wird in aller Regel nur zum kleinen Teil
durchgeführt, da sonst ausgeprägte Über- und Unterdeckungen entstehen. An dieser Stelle schließen sich weiterführende Überlegungen an, die nachfolgend noch
eingehender beschrieben werden.

5.2   Überwachung der Spot-Zeitreihen

Ein wesentlicher Teil der kurzfristigen Optimierung ist die enge Überwachung
der Spot-Zeitreihen. Der Blick auf diese Werte lohnt, um rechtzeitig Schieflagen
zu identifizieren. Ein Blick auf die Volumen offenbart, wenn die Prognosen evtl.
nicht mehr treffgenau sind oder wenn sich in den Daten Fehler einschleichen.

Eine nicht mehr treffsichere Prognose fällt möglicherweise nicht sofort auf,
aber mit dem Blick zurück auf einige Tage, evtl. Monate, kann man prüfen, ob die
Mengen den Erwartungen entsprechen oder ob es zu auffallenden Abweichungen
kommt. Ursache kann zum Beispiel eine nicht mehr korrekte Verarbeitung der
Tagtypen sein. Die nicht korrekte Berücksichtigung von Feiertagen oder Wochen-
enden führt zu systematisch falschen Werten. Umschaltstunden und Schalttage
sind häufig weitere Auslöser für Unregelmäßigkeiten. Auch Fehler auf Ebene

der Netzbetriebe können zu Abweichungen der Spotmengen führen, wie beispielsweise fehlerhafte Zuordnungen von Zählpunkten oder Profilen. Wenn diese Punkte rechtzeitig auffallen, besteht die Möglichkeit, gegenzusteuern. Größere Abweichungen in den Spotmengen können zu Ergebnisverschlechterungen führen, wenn sich die Preise am Spotmarkt ungünstig entwickeln.

Um solche Effekte zu erkennen, muss im Vorfeld eine Erwartung hinsichtlich der Spotmengen bestehen. Diese lässt sich aus den Prognosen und den bereits erfolgten Eindeckungen relativ leicht bilden. Im zweiten Schritt müssen die tatsächlichen Mengen diesen Erwartungen gegenüber gestellt werden, was voraussetzt, dass die Zeitreihen zur Verfügung stehen. In aller Regel erlauben die Systeme (sog. „EDM"-Systeme) die Auswertung dieser Zahlen. Sie müssen „nur" aus dem entsprechenden System exportiert und in eine geeignet Form gebracht werden. Entsprechend aufgesetzte Reports im Rahmen eines Portfolio- oder Bilanzkreismanagements können die Beschaffer bei dieser Tätigkeit unterstützen. Über Dienstleister können Stadtwerke nicht nur Auswertungen und unterstützende Reports beziehen, sondern es besteht darüber hinaus die Möglichkeit, einen (natürlich anonymisierten) Vergleich mit anderen Werken vorzunehmen. Das hilft, das eigene Abschneiden besser einzuschätzen.

5.3   Optimierung in Gasportfolios

Eine kurzfristige Optimierung in Stromportfolios ist eher ungewöhnlich. In Gasportfolios ist das Arbeiten mit kurzfristigen Terminprodukten im Lieferjahr deutlich gebräuchlicher. Die Ursache hierfür liegt in der Temperaturabhängigkeit der Verbräuche. Ein typisches Standardlastprofil (SLP), das für viele Gasportfolios maßgebend ist, weist ca. 70 % der gesamten jährlichen Inanspruchnahme im Winter auf, wobei ein etwas größerer Teil der Mengen im jeweils ersten Quartal eines Jahres abgesetzt wird.

Damit entsteht in den Planlastgängen eine deutliche Differenz zwischen den Sommer- und den Wintermonaten. Eine Eindeckung mit Jahresprodukten führt hier zwangsläufig zu Überdeckungen in den lastarmen Sommermonaten und zu Unterdeckungen in den Wintermonaten. Abb. 5.2 zeigt mit den Balken die monatliche Verteilung der Absatzanteile. In der horizontalen Linie wird das Jahresmittel dargestellt.

Eine Eindeckung auf Niveau des Jahresmittelwertes führt zu Long-Positionen in den Monaten Mai bis Oktober. Hier müssen Mengen abverkauft werden. Die restlichen Monate sind noch nicht ausreichend eingedeckt. Damit gewinnt der saisonale Spread zwischen den Sommer- und Winterprodukten eine große

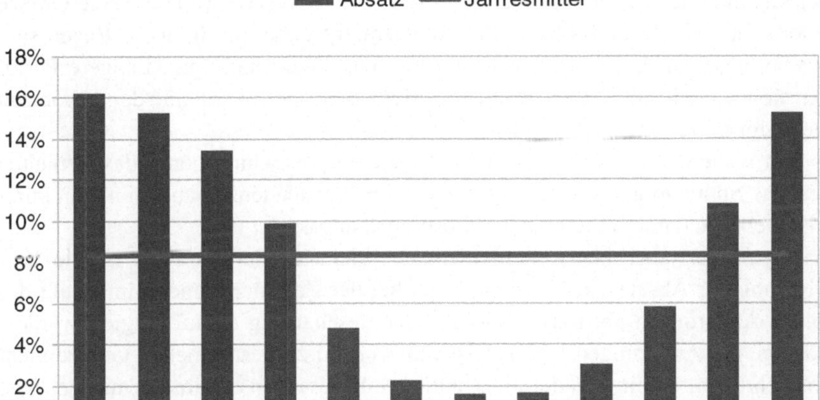

Abb. 5.2 Absatzstruktur und Jahresmittel

Bedeutung für die Bewirtschaftung. Aus dem Spread und den offenen Positionen resultieren Risiken, die die meisten Beschaffer scheuen. Die Folge ist, dass eine Eindeckung mit Jahresprodukten beispielsweise nur in der Höhe der Sommerinanspruchnahme erfolgt, um eine Überdeckung zu vermeiden. Die übrigen Mengen können dann entweder als Monatsstrukturen beschafft werden, was bei weiter in der Zukunft liegenden Perioden zu Illiquiditätsprämien führt. Oder die Beschaffung erfolgt über Quartalsprodukte. Auch hier entstehen zum Teil Illiquiditätsprämien, da in aller Regel nur das nächste zur Lieferung anstehende Quartal liquide gehandelt wird.

Vor diesem Hintergrund gewinnt die Eindeckung über kurzfristige Terminprodukte eine große Bedeutung für Gasportfolios. Die Strukturen gemäß den Prognosen werden, sobald die Produkte liquide gehandelt werden, über die entsprechenden Produkte eingedeckt.

Ein weiterer bereits angesprochener Aspekt bei der Optimierung eines Gasportfolios ist die Abhängigkeit des Absatzes von der Temperatur. Neben den Konsequenzen für die Verteilung der Last auf die einzelnen Monate, die bereits beschrieben wurde, zeigen sich Auswirkungen auf die Beschaffung während des Lieferjahres. Eine Eindeckung sollte grundsätzlich auf Basis der zu erwartenden Normaltemperatur erfolgen. In der Feinsteuerung werden dann Mengen zusätzlich beschafft oder abverkauft, wenn die Abweichungen der Temperatur eine

Schwankung des Absatzes erwarten lassen. Dieses Vorgehen findet seine Grenze jedoch in der Zuverlässigkeit der Temperaturprognosen. In aller Regel sind die Vorhersagen für die nächsten drei bis fünf Tage relativ gut. Längere Perioden können mit den heute bekannten Methoden noch nicht mit der gebotenen Genauigkeit vorhergesagt werden.

Ein weiterer Aspekt, neben der Temperaturentwicklung, kann das Verhalten des Gas-Spotmarktes sein. Zeichnen sich hier Preistendenzen ab, kann man kurzfristig ebenso darauf reagieren und Positionen anpassen.

Ein letzter, aber bei weitem nicht der kleinste Einflussfaktor ist die Entwicklung der Absatzseite. Zeichnen sich bei der Zahl der Kunden im Laufe des Jahres Änderungen ab, muss vonseiten der Beschaffung darauf reagiert werden. Solange die Änderungen eine gewisse im Vorfeld zu bestimmende Grenze nicht überschreiten, ist ein Handel nicht nötig. Auf diese Weise wird vermieden, dass bereits kleinste Änderungen zu Geschäften führen, die aufgrund von Bid-Ask-Spreads und Margen in Summe nicht vorteilhaft sind.

Analyse nach Lieferung 6

Mit Ablauf des Lieferjahres endet die aktive Bewirtschaftung der Portfolios. Ein aktives Eingreifen ist nicht mehr möglich und auch nicht mehr notwendig. Sobald alle Zeitreihen, Spotmengen und -preise, Allokationsdaten bzw. Istwerte und Ausgleichsenergiereihen vorliegen, lohnt sich ein Blick zurück. Dieser Blick zurück gilt einerseits den Mengen. Haben sich diese wie geplant entwickelt? Wo liegen Gründe für etwaige Abweichungen? Zum anderen muss der Blick auch den Beträgen gelten. In der Regel werden dem Vertrieb Preise gestellt, die neben dem Portfoliopreis auch Zuschläge für Risiken enthalten. Haben diese Zuschläge ausgereicht? Oder sind sie gar zu hoch und mindern die Wettbewerbsfähigkeit?

Betrachtet man die Mengen, bietet sich als Erstes an, die tatsächlichen Absatzwerte mit den geplanten zu vergleichen. Wie haben sich die Kundenzahlen entwickelt? Welche Einflüsse wirkten auf die Absatzmengen? In Gasportfolios spielt die Temperatur eine sehr große Rolle. Weichen die tatsächlichen Temperaturen von den Normaltemperaturen ab, ergeben sich Änderungen der Allokationsdaten. Ergebnis dieser Betrachtung in Summe ist die Erkenntnis, wie gut das Verhalten der Kunden und des Wettbewerbs eingeschätzt werden konnte. Darüber hinaus kann auf diesem Wege die Güte der eigenen Prognose bewertet werden.

Wurde im Lieferjahr eine strategische Short-Position eingenommen, sollte überprüft werden, ob die gesteckten Ziele erreicht wurden. Dazu ist nicht die Betrachtung der reinen Spotmengen nötig, sondern auch der Änderungen des Portfoliopreises durch das Ergebnis des Spots. Mit einer bestimmten Position, sei es nun long oder short, verbinden sich Erwartungen an den wirtschaftlichen Erfolg. Wurden diese erfüllt? Hat sich der Portfoliopreis verbessert? Soll der strategische Ansatz im kommenden Jahr beibehalten werden? Hier kann erneut ein Dienstleister bei der Bewertung helfen.

© Springer Fachmedien Wiesbaden GmbH, ein Teil von Springer Nature 2019   35
S. Schnorr, *Portfolio-Management in Stadtwerken*, essentials,
https://doi.org/10.1007/978-3-658-23749-3_6

Ebenso lohnend ist der Blick auf die Ausgleichsenergiemengen, aus denen gravierende Preisrisiken resultieren. Die Mengen und die Preise für Ausgleichsenergie sind nicht zu prognostizieren. Es besteht durchaus die Gefahr, dass durch einige ungünstige Tage die Risikoaufschläge aufgebraucht werden, die im Vorfeld in die Kalkulation eingingen. Sehr anfällig waren in der Vergangenheit beispielsweise die Weihnachtstage. In einigen Stadtwerken führte dies dazu, dass bis zu diesem Zeitpunkt die Zuschläge auf Jahressicht bequem ausreichten und dann an zwei oder drei Tagen komplett aufgebraucht und sogar überschritten wurden. Dieses Extrembeispiel unterstreicht den Einfluss dieses Punktes, steuern lassen sich gerade solche Tage jedoch kaum. Allerdings offenbart der Blick auf die Zeitreihen auch Unstimmigkeiten. Steigen die Volumen, unerheblich in welche Richtung, auf einmal an, sollte eine Prüfung erfolgen. In einem Fall wurde die Zuordnung der Straßenbeleuchtung von einem Sammelzählpunkt auf einen Zählpunkt je Laterne umgestellt. Diese Umstellung, vorgenommen vom Netz, bedeutet ja erst einmal keinerlei Änderung. Allerdings blieb der ursprüngliche Zählpunkt in den Systemen bestehen. In der Folge wurden der Beschaffung doppelt so hohe Mengen vorgegeben. Diese Mengen mussten dann in die Ausgleichsenergie abverkauft werden, was dem Beschaffer auffiel. Der Auslöser konnte schließlich nach intensivem Suchen auch identifiziert und behoben werden.

Es wurden bereits Risikoaufschläge angesprochen. Diese werden unter anderem für die Abwicklung des Spots und für die Ausgleichsenergie angesetzt. Bei der Überprüfung der Zeitreihen wird auch überprüft, ob die Zuschläge ausgereicht haben, oder ob die tatsächlichen Kosten höher lagen. Ein Vergleich mit anderen Stadtwerken, sei es im Rahmen einer Kooperation oder durch einen Dienstleister, kann hier helfen, das eigene Abschneiden zu bewerten und Optimierungspotenziale zu erkennen.

Im Rahmen der hier beschriebenen Analyse bietet es sich auch an, die Beschaffungsstrategie grundsätzlich zu bewerten und zu überprüfen. Wie schnitt das Vorgehen im Rahmen der Strategie im Vergleich zur Benchmark ab? Passen alle Parameter noch zu den aktuellen Gegebenheiten?

Reporting 7

Ein weiterer wesentlicher Bestandteil des Portfolio-Managements ist das Reporting. Dieses dient nicht nur als Grundlage für die Beschaffung, sondern liefert darüber hinaus auch weitere Informationen.

Regelmäßig steckt sehr viel Arbeit in der Aufbereitung und Darstellung der jeweiligen Zahlen. Mit zunehmendem manuellem Aufwand steigt auch die Gefahr, Fehler zu machen. Werden diese nicht aufgedeckt, können daraus Fehlentscheidungen und spürbare monetäre Konsequenzen resultieren. Schon allein zu Kontrollzwecken ist es ratsam, ein Reporting von einem externen Dienstleister erstellen zu lassen. Dieses Vorgehen senkt die Fehlerwahrscheinlichkeit.

Einige Anforderungen an das Reporting scheinen so banal, dass kaum noch darüber gesprochen wird:

- Reports sollten alle bewirtschafteten Lieferjahre enthalten.
- Darüber hinaus sollten auch alle Portfolios reported werden, die bewirtschaftet werden. Wird dieser Punkt nicht nachgehalten, steigt der Anreiz, evtl. gemachte Verluste zu verstecken bzw. nicht zu zeigen.
- Ein Report sollte handelstäglich aktualisiert werden (können). Die handelstägliche Verfügbarkeit eines Reportes bedeutet nicht, dass dieser auch handelstäglich versandt werden muss. In aller Regel ist ein wöchentlicher Turnus ausreichend.
- Zu einem Reporting gehören nicht nur die Eindeckungen, sondern auch die Zielgrößen in Form von Prognosen. Aus der Gegenüberstellung dieser Werte ergibt sich eine offene Position, die, zu aktuellen Marktpreisen bewertet, ebenfalls mit dargestellt wird.

In welchem Ausmaß und in welcher Form die Zahlen nun aufbereitet werden, unterscheidet sich von Dienstleister zu Dienstleister und von Werk zu Werk. Bewährt hat sich eine Dreiteilung im Report: Zum einen wird eine detaillierte Übersicht je

© Springer Fachmedien Wiesbaden GmbH, ein Teil von Springer Nature 2019 37
S. Schnorr, *Portfolio-Management in Stadtwerken*, essentials,
https://doi.org/10.1007/978-3-658-23749-3_7

Lieferjahr erstellt. Für die interne Berichterstattung ist eine Zusammenfassung je Lieferjahr und eine Zusammenfassung aller Lieferjahre sinnvoll.

Anforderungen an die Detailübersicht:

- Die Detailübersicht sollte eine monatliche Unterteilung aufweisen. Eine feinere Aufteilung wird sehr schnell unübersichtlich und eignet sich auch weniger als Grundlage für eine kurzfristige Optimierung.
- Dargestellt werden muss die Absatzlast. Diese muss mindestens auf Monatswerte heruntergebrochen vorhanden sein. Erfahrungsgemäß führt eine feinere Auflösung nicht zu Verbesserungen bezüglich der Eindeckung und ist somit meist nicht nötig. Stromportfolios werden in den häufigsten Fällen viertelstundenscharf prognostiziert, im schlechtesten Fall liegen Stundenwerte vor. Gröbere Auflösungen treten hier nicht auf.
- Der Absatzlast wird nun die Eindeckung gegenübergestellt. Die Eindeckung wird dabei mindestens unterteilt in Termin- und Spotmarkt.
- Sind Eigenerzeugungsanlagen vorhanden und werden deren produzierte Strommengen mit aufgenommen, werden diese oft ebenfalls gesondert dargestellt.
- Die Ausgleichsenergie wird, da sie durchaus preis- und mengenrelevant ist, ebenfalls mit aufgeführt.
- Die Position Terminmarkt enthält dann Standardprodukte und Fahrpläne, wie sie für die Eindeckung am Strommarkt üblich sind.
- Gasportfolios können in eben dieser Form dargestellt werden, wenn die Bewirtschaftung auf dieser Ebene erfolgt. Da die Vielfalt der Lieferverträge für Gasportfolios jedoch noch größer ist, ist eine Standardisierung hier oft schwerer.
- Voll- und Residualversorgungen mit fixem oder indizierten Preis sind schon etwas schwerer in eine Portfoliobetrachtung einzubeziehen, noch dazu wenn die Möglichkeit besteht, Tranchen preislich zu fixieren. An dieser Stelle ergeben sich oft Ansprüche an die Darstellung, die meist zu individuellen Reports führen. Die größte Herausforderung an dieser Stelle besteht dann darin, alle relevanten Daten darzustellen und trotz allem eine Übersicht zu gewährleisten.
- Aus der Gegenüberstellung von Absatz und Eindeckung ergibt sich eine Position, die noch einzudecken oder wieder abzuverkaufen ist. Die Bewertung erfolgt zu aktuellen Marktpreisen. Hier kommt eine Price Forward Curve (PFC) zur Bewertung zum Einsatz.

Diese Darstellung ist, wie ausgeführt, monatsscharf. Auf Basis dieser Übersichten ist dann auch eine kurzfristige Optimierung der Portfolios möglich.

Diese Darstellungsweise findet sich auch in der Lieferjahresübersicht. Diese wird ergänzt um eine Übersicht der Parameter der eingesetzten Strategie. Mengengrenzen und Eindeckungsgrade in Relation zu einer Zielgröße gehören hier ebenso hinein wie die Abbildung von Marktphasen oder Preislimits.

In den letzten Jahren gewann die Risikobetrachtung an Bedeutung. Zunehmend implementieren Werke in ihrer Beschaffung eine Limitierung durch Risikokapital. Ist dieses aufgebraucht, müssen bestehende offene Positionen geschlossen werden. Das verbrauchte Risikokapital wird meist über eine Value-at-Risk-Betrachtung ermittelt. Aus dem über diesen Ansatz ermittelten Risikoszenario (im Sinne eines Preisänderungsszenarios) lässt sich auch der Einfluss der aktuellen Marktpreisschwankungen auf den zu realisierenden Portfoliopreis ermitteln.

In etlichen Werken ist eine meist wöchentliche Berichterstattung gegenüber der Geschäftsführung vorgesehen. Aufgrund der oft recht engen Tagesordnungen in diesen Gremien sind Übersichten über alle Lieferjahre nützlich. Meist erfolgt hier eine prägnante Darstellung der Absatzprognosen, Eindeckungsgrade und Portfoliopreise der einzelnen Lieferjahre. Denkbar sind auch Grafiken, die Eindeckungsgrade noch einmal aufbereiten oder den Portfoliopreis einer Benchmark gegenüberstellen und so schnell einen Überblick ermöglichen. Einige Reports enthalten darüber hinaus Vertragslisten. Diese enthalten die getätigten Geschäfte mit Datum, Preis und Volumen.

Ein Report, der diese Punkte beinhaltet, ist manuell kaum noch handhabbar. Durch eine Vielzahl von Berechnungen und Schnittstellen sowie Interdependenzen steigt die Fehleranfälligkeit enorm. Auch der Aufwand bei der Berechnung steigt schnell ins kaum noch Akzeptable.

Dienstleister binden die Erstellung der Reports in ihre IT-Landschaft ein. Geschäfte werden in Datenbanken vorgehalten, die Bestimmung der offenen Positionen und deren Bewertung erfolgt automatisiert. Gleiches ermöglichen Portfolio-Management-Systeme oder Module von Software-Dienstleistern.

Zerlegung eines Lastganges 8

Wenn im Portfolio-Management Klarheit darüber besteht, in welchem strategischen Rahmen das Portfolio bewirtschaftet werden soll, und die notwendigen Verträge geschlossen sind, bleibt noch eine Frage zu beantworten: In welchem Ausmaß sollen Standardprodukte beschafft werden? Diese Frage scheint im ersten Moment banal. Allerdings ergeben sich hier einige durchaus beachtenswerte Aspekte.

Den Ausgangspunkt der nachfolgenden Überlegungen soll eine Laststruktur bilden. Diese ist in Abb. 8.1 dargestellt. Sehr gut zu erkennen sind eine typische Wochenstruktur sowie eine leicht ausgeprägte Differenz zwischen Sommer und Winter. Eine erste Herangehensweise an die eingangs gestellte Frage kann darin bestehen, die Standardprodukte so zu beschaffen, dass Kauf- und Verkaufsmengen gleich sind. Man spricht in diesem Fall von einem mengenneutralen Hedge.

Das Vorgehen soll an einem Beispiel verdeutlicht werden. In einer Woche sind die in Abb. 8.2 gezeigten Absatzlasten geplant.

Der beschriebene Mengenhedge wird so gewählt, dass die noch zu kaufenden und zu verkaufenden Mengen gleich groß sind. Stünden nun am Terminmarkt nur ein Wochenprodukt zur Absicherung einer solchen Struktur zur Verfügung, würde man nach diesem Muster ein 4-MWh-Produkt erwerben (Abb. 8.3).

Damit ergeben sich die in Abb. 8.4 dargestellten Long- bzw. Short-Positionen. Diese müssten dann noch im Laufe der Lieferung über den Spotmarkt glattgestellt werden.

Für drei Tage, nämlich Montag, Samstag und Sonntag, ergeben sich Abverkäufe; für die verbleibenden Tage sind Käufe zu tätigen. Die Menge der Käufe, 1 MWh für Mittwoch, 2 MWh für Donnerstag und 1 MWh für Freitag entspricht der Menge der Verkäufe, nämlich hier im Beispiel 4 MWh, Montag 1 MWh, Samstag 1 MWh und Sonntag 1 MWh. Damit scheint das Risiko dieser Struktur

© Springer Fachmedien Wiesbaden GmbH, ein Teil von Springer Nature 2019

S. Schnorr, *Portfolio-Management in Stadtwerken*, essentials,

https://doi.org/10.1007/978-3-658-23749-3_8

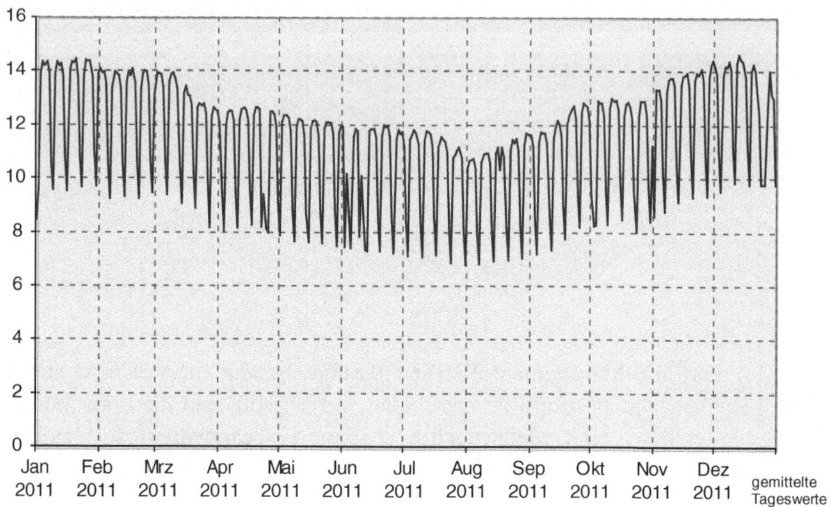

Abb. 8.1　Prognose eines Stromlastganges

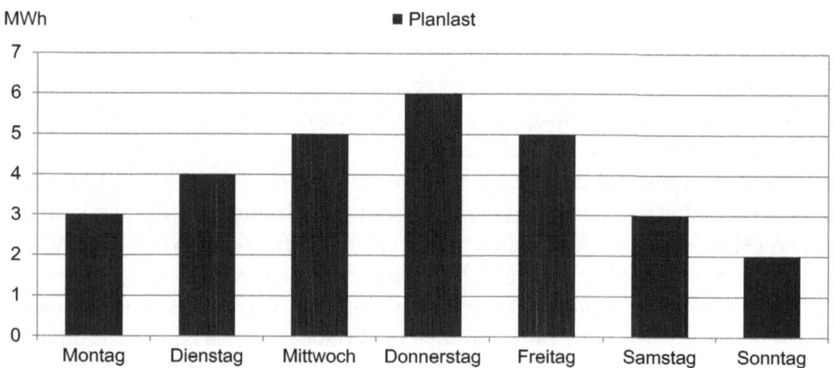

Abb. 8.2　Beispiel einer Planlast

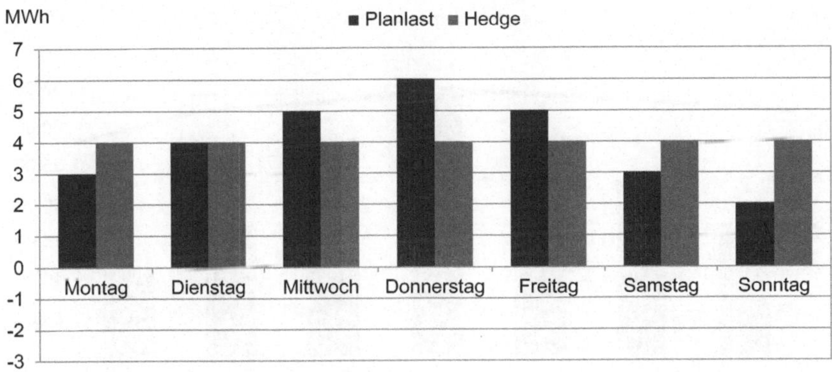

Abb. 8.3 Beispiel einer Planlast und Hedge

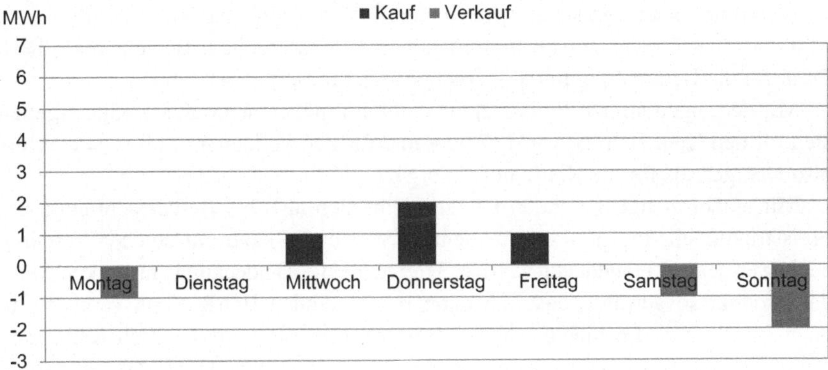

Abb. 8.4 Resultierende Positionen

erst einmal abgedeckt. Käufe und Verkäufe halten sich die Waage, und mengenmäßig entsteht kein Risiko.

Was an dieser Stelle jedoch unberücksichtigt bleibt, ist die Struktur der Preise.
Es ergeben sich am Spotmarkt typische Strukturen. Bestimmte Stunden sind
regelmäßig teurer als andere. Eine Zerlegung des Lastganges unter der Maßgabe
der Mengenneutralität zieht dies nicht in Betracht und führt zu Preisrisiken. Eine
Preiskurve könnte zum Beispiel wie in Abb. 8.5 dargestellt aussehen.

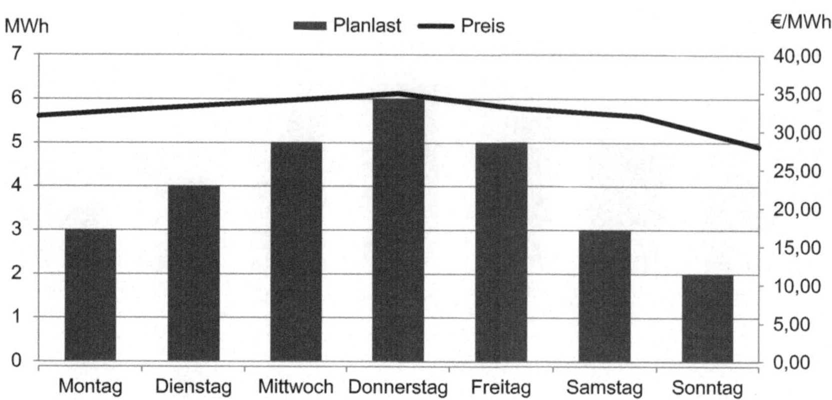

Abb. 8.5 Planlast und Preisverlauf

Aufgrund eines typischerweise höheren Verbrauchs hat sich für die Tage Mittwoch bis Freitag ein im Schnitt höherer Preis ergeben. Bezieht man diese Preise in die Betrachtung mit ein, ergeben sich die Beträge in Tab 8.1.

Mit der angenommen Preisstruktur und dem mengenneutralen Hedge ergeben sich für den Kauf Beträge von 137,00 € und für den Verkauf 120,00 €. Man erlöst also weniger, als für die Käufe notwendig ist.

Mit einem mengenneutralen Hedge ergibt sich also bei Berücksichtigung der Preisstruktur ein Preisrisiko. Um dem vorzubeugen, kann ein solcher Lastgang auch wertneutral eingedeckt werden. Hier wird die Eindeckung mit einem Standardprodukt so gewählt, dass die dann resultierenden Beträge aus Verkauf und Kauf gleich sind. Im hier gewählten Beispiel (Tab. 8.2) würden sich Käufe und Verkäufe nahezu aufwiegen, wenn ein Standardprodukt von 4,075 MWh erworben

Tab. 8.1 Beispiel Preisrechnung 1

Tag	Kauf	Verkauf	Preis	Betrag Kauf	Betrag Verkauf
	MWh	MWh	€/MWh	€	€
Montag		-1	32,00		-32,00
Dienstag			33,00		
Mittwoch	1		34,00	34,00	
Donnerstag	2		35,00	70,00	
Freitag	1		33,00	33,00	
Samstag		-1	32,00		-32,00
Sonntag		-2	28,00		-56,00
				__137,00 €__	__-120,00 €__

Tab. 8.2 Beispiel Preisrechnung 2

Tag	Kauf	Verkauf	Preis	Betrag Kauf	Betrag Verkauf
	MWh	*MWh*	*€/MWh*	*€*	*€*
Montag		-1,075	32,00		-34,40
Dienstag		-0,075	33,00		-2,48
Mittwoch	0,925		34,00	31,45	
Donnerstag	1,925		35,00	67,38	
Freitag	0,925		33,00	30,53	
Samstag		-1,075	32,00		-34,40
Sonntag		-2,075	28,00		-58,10
				129,35	**-129,38**

wird. Die Käufe belaufen sich dann auf 129,35 €, die Verkäufe auf 129,38 €. Das Preisrisiko ist damit weitestgehend reduziert.

Hinter diesem Vorgehen steht die Annahme, dass die zur Bestimmung der Preisstruktur verwendete Kurve, die Price Forward Curve, auch die tatsächlichen Preisrelationen in der Lieferung wiedergibt. Damit kommt der Qualität einer Price Forward Curve hier eine bedeutende Rolle zu.

Was Sie aus diesem *essential* mitnehmen können

- Ein erfolgreiches Portfolio-Management umfasst sowohl eine langfristige Bewirtschaftung der Terminprodukte als auch eine kurzfristige Betrachtung im aktuellen Lieferjahr.
- Ein wichtiger Faktor bei der Erstellung einer Strategie ist ein Backtesting.
- Die Bewirtschaftung erfordert ein Monitoring und ein adäquates Reporting.

© Springer Fachmedien Wiesbaden GmbH, ein Teil von Springer Nature 2019
S. Schnorr, *Portfolio-Management in Stadtwerken,* essentials,
https://doi.org/10.1007/978-3-658-23749-3

Checkliste

Mitarbeiter

- Ausreichend geschult
- Zugriff auf Informationsquellen, wie bspw. Marktinformationen
- Vollmachten erteilt, Vertretungsregelungen implementiert
- Sind mit den Rahmenbedingungen (Risikohandbuch) und mit der Strategie vertraut

Strategie

- Wurde an historischen Settlements transparent und nachvollziehbar überprüft (Backtesting)
- Steht im Einklang mit den geltenden Rahmenbedingungen (Risikohandbuch)
- Wird laufend überwacht und regelmäßig überprüft
- Liegt ausformuliert bzw. formalisiert vor

Report

- Ist handelstäglich verfügbar
- Teil-PF sind implementiert und getrennt dargestellt
- In Umfang und Detailgrad an Bedürfnisse des Werks angepaßt

© Springer Fachmedien Wiesbaden GmbH, ein Teil von Springer Nature 2019

S. Schnorr, *Portfolio-Management in Stadtwerken*, essentials,

https://doi.org/10.1007/978-3-658-23749-3

Literatur

EEX. (2015). Annual report 2015. https://www.eex.com/blob/16500/ff13c25a4813320ff521b-f67ac397e73/eex-gb-2015-en-data.pdf. Zugegriffen: 15. Juni 2015.

LEBA. (2015). London energy brokers' association OTC energy volume report – december 2015. https://www.leba.org.uk/assets/monthly_vol_reports/LEBA%20Energy%20Volume%20Report%20December%202015.pdf. Zugegriffen: 15. Juni 2016.

Murphy, J. J. (2004).*Technische Analyse der Finanzmärkte*. München: FinanzBuch Verlag.

Wilder, J. W. (1978).*New concepts in technical trading systems*. Trend Research: Winston-Salem.

© Springer Fachmedien Wiesbaden GmbH, ein Teil von Springer Nature 2019 51
S. Schnorr, *Portfolio-Management in Stadtwerken*, essentials,
https://doi.org/10.1007/978-3-658-23749-3